Petit dictionnaire des sales boulots

Collection Chroniques

En couverture
Jeune ramoneur sur les toits, Milan, 1961.
© Farabola/Bridgeman Images

Responsable d'édition
Prosper Biju-Duval

Couverture et composition
Henri-François Serres Cousiné

Diffusion-distribution
Harmonia Mundi livre

ISBN 978-2-36358-374-1
Éditions Vendémiaire
5, rue des Petits-Carreaux, 75002 Paris
www.editions-vendemiaire.com

Petit dictionnaire des sales boulots

Nicolas Méra

Vendémiaire
« Hommes de l'avenir, souvenez-vous de moi. »

Pour qu'un homme vive délicieusement,
il faut que cent autres travaillent sans relâche.

Montesquieu

Remerciements

Comme toujours, merci à Marc qui a pris soin de traquer les erreurs, les fautes de frappe et les incohérences, et s'est même permis d'étoffer le texte avec des recherches complémentaires. Le fait d'avoir supporté avec patience mes sautes d'humeur et mes doutes existentiels devrait te valoir la 76e entrée de ce dictionnaire.

Merci à tous ceux qui ont pris le temps de relire le manuscrit et de formuler des suggestions plus ou moins constructives : Pierre, Lily, Cathy, Cécile, Max, Alex, je vous en dois une de plus. Au passage, merci à Sarah, Léo, Nico, Anne-Claire, Regina, Claire et Élisa pour votre amitié et votre soutien.

Merci à Nelly, parce que je n'ai pas eu le temps de te le dire.

Merci à toute l'équipe éditoriale de Vendémiaire pour sa confiance et son implication.

Merci à mes parents et à mon fan-club, qui sont strictement les mêmes personnes.

Merci, enfin, à tous ceux qui plantent des clous, récurent des lavabos, coupent du bois, balayent devant leur porte, merci à tous ceux qui peinent, suent, s'essoufflent et s'échinent et, aujourd'hui plus que jamais, merci à tous ceux qui soignent. Merci à tous les laborieux d'ici et d'ailleurs qui composent, tandis que nous dormons encore, l'anonyme armée de l'aube.

Précautions d'emploi

Vous avez peut-être déjà entendu cette histoire : le mot « travail » tirerait son origine d'un mot latin désignant un ancien instrument de torture... En réalité, le *tripalium* n'était qu'un simple trépied en bois sur lequel on immobilisait, dans l'Antiquité, les animaux avant de les soigner ou de les ferrer. Reste la notion d'inconfort, d'immobilité. Qui pourrait le nier ? Le travail est souvent une peine. Il est laborieux, abrutissant, il froisse physiquement et mentalement.

Signe qu'il qualifie d'abord une activité pénible et douloureuse, on parle déjà, au XIIe siècle, de « travail d'enfant » pour qualifier les souffrances de l'accouchement... Mauvais signe ! Car le champ lexical de l'effort colore, en pointillés, le vocabulaire des gagne-deniers. Une lavandière de l'Ancien Régime, venant baigner ses grands draps de lit dans un cuvier, surnommait cette tâche éreintante « le Purgatoire ». On battait le linge à l'aide d'un bâton, le « coup de grâce », afin de lui ôter ses impuretés. De même un seigneur médiéval exigeait de ses paysans un impôt en nature, la «corvée», temps de travail gratuit qu'ils venaient accomplir sur le domaine de leur maître.

Une conception similaire est immortalisée dans le récit biblique. Lorsque Adam et Ève sont chassés du Jardin d'Eden, adieu les moissons miraculeuses ; tombé du paradis perdu, l'homme doit trimer, et la femme enfanter dans la douleur. «C'est à la sueur de ton visage que tu gagneras ton pain, jusqu'à ce que tu retournes à la terre dont tu proviens ; car tu es poussière, et à la poussière tu retourneras» avertit Dieu[1]. L'effort est la punition infligée à l'humanité tout entière. Un châtiment qui persiste : depuis que l'Homme foule cette terre, il a écumé bien des professions révoltantes et usantes... L'objectif de cet ouvrage est de les consigner en donnant la parole aux exploités du temps jadis. Et de leur rendre, autant que faire se peut, un hommage bien mérité.

D'entrée, quelques précisions s'imposent. Qu'entend-on au juste par «sale boulot» ? Très simplement, toute occupation périlleuse, sinistre, méprisée, ardue, grotesque ou avilissante, qui pousse son titulaire à payer fort de sa personne pour obtenir son pécule.

Les esclaves ont sans doute été missionnés de tâches ingrates plus souvent qu'à leur tour. Sénèque observe leurs responsabilités pendant les orgies romaines : «L'un essuie les crachats des convives [...] l'autre éponge à deux genoux les dégoûtants résultats de l'ivresse[2].»

De l'autre côté de la Méditerranée, une anecdote rapporte qu'un serviteur de Pépi II (IIIe millénaire av. J.-C.) était quotidiennement enduit de miel pour éloigner les insectes du pharaon. De toutes les offres d'emploi, la fonction «tartine humaine» n'est pas des plus enviables... Mais malgré toutes les charges qui ont pesé sur leurs épaules, on ne traitera pas ici des tâches exécutées par les prisonniers ou les esclaves. Les asservis de ce monde, s'ils nous confrontent à notre plus sombre part d'humanité, ne peuvent pas légitimement être considérés comme actifs dans un «métier». Le terme sous-entend ici, dans sa vision la plus large, toute fonction moyennant salaire ou rétribution, qui résulte d'un choix supposé libre. Même si, je vous l'accorde, le libre arbitre vacille souvent en période de vaches maigres, contraignant l'individu dans le besoin à sauter sur le premier gagne-pain venu.

Force est de constater, enfin, que cette sélection reste bien subjective. D'abord parce que soumise à des codes moraux propres au XXIe siècle. À notre époque et sous nos latitudes, la saleté et la dangerosité ont été en grande partie évacuées par les acquis sociaux et le droit du travail. Rares sont ceux qui pataugent encore dans la boue ou les excréments de leurs contemporains. Ainsi jugeons-nous certaines fonctions d'antan comme écœurantes, là où nos besogneux ancêtres ne voyaient rien d'autre qu'un moyen de distancer leur famille du caniveau. En outre, la quasi-totalité des métiers recensés ici, appuyés sur des sources occidentales, est apparue sur le continent européen. Il y a fort à parier que la même recherche chez nos voisins rallongerait considérablement la liste. (Avis aux amateurs.)

Vous l'aurez compris, l'objet de cet ouvrage n'est pas de brosser un portrait exhaustif de l'emploi d'autrefois. Il s'agit d'une collection de fenêtres clandestines ouvertes sur le quotidien de nos aïeux. Derrière chacun de ces «premiers de corvée» se cache une humanité pétrie de coutumes et d'habitudes qui ont déteint sur les nôtres... Ainsi qu'un rapport bien particulier à la mort, l'argent, la religion, la famille, la morale ou l'avenir. Sauter dans les souliers de nos ancêtres, c'est aussi emprunter, pour un moment, leur façon de penser et leur vision du monde. Et qui sait les secrets que dissimulent l'échoppe de l'apothicaire, la paillasse du gladiateur ou les poches du ramoneur?

A

Aboyeur

Ce métier est réduit à son seul moyen d'expression : le cri. Au XVIIIe siècle, dans les foires, sur le seuil des salons, à l'entrée des salles de spectacle, l'aboyeur hèle les badauds de sa voix puissante. L'un, vendeur de journaux, hurle les gros titres. L'autre annonce solennellement les invités à l'entrée des salons. Un autre encore avertit les cochers que leurs maîtres quittent le théâtre. Le succès d'une pièce leur doit beaucoup : si la harangue est bonne, alors le spectacle devrait faire salle comble ! « Cette voix qui remplit un quartier, décrit Mercier, couvre tout, absorbe tout, le bruit confus des hommes et des chevaux. [L'aboyeur] est toujours enroué, mais cet enrouement même imprime à sa voix un son rauque et épouvantable, qui ressemble à un tocsin. Il crève bientôt à ce métier[1]. » En somme, l'extinction de voix précède l'extinction tout court…

Un métier homonyme surgit en 1856, en France, après la promulgation d'une «taxe sur les chiens» sous le gouvernement de Napoléon III. Cette loi contraint les propriétaires de toutous à payer quelques francs à la commune pour les nuisances que ceux-ci occasionnent. L'objectif: lutter contre la prolifération des chiens errants et enragés... Apparaît donc ce professionnel qui, pour 150 francs par mois (le salaire annuel d'un ouvrier agricole), est chargé de démasquer les mauvais payeurs. À la nuit tombée, il vient aboyer devant les portes des maisons pour identifier les chiens clandestins qui, à coup sûr, lui répondront!

Accoucheuse

Longtemps les matrones, obstétriciennes, «bonnes mères» et autres «ventrières» ont exercé. Les premières manifestations de leur savoir se perdent dans la nuit des temps. Certes, l'obstétrique éclot dans les papyrus antiques, les traités d'Hippocrate ou de Galien. Mais leurs auteurs – des hommes – se contentent généralement de conseils nébuleux ou maladroits. Les recettes de concoctions végétales censées adoucir la grossesse côtoient les méthodes contraceptives d'avant-garde (spermicides à base de silphium, de miel et de feuilles d'acacia) et les avertissements concernant la conception un soir de pleine lune... Difficile, donc, de séparer le bon grain de l'ivraie dans ce corpus où le savant s'unit volontiers au superstitieux. Sans surprise, les hommes boudent la profession, à la fois par orgueil et souci de bienséance. C'est une affaire de femme: cette dernière y joue le seul rôle capital qu'on lui attribue au Moyen Âge, «se consacrer à la procréation des enfants sans cesse et jusqu'à la mort» comme le formule à la fin du XIIIe siècle le prêcheur Nicolas de Gorran.

Jusqu'au XVIIIe siècle, aucun diplôme ne vient homologuer l'art de mettre au monde. Le docteur grec Soranos d'Éphèse (Ier siècle ap. J.-C.) décrit les qualités idéales de l'accoucheuse : « Le sujet apte possède une instruction élémentaire, de la vivacité d'esprit, de la mémoire, de l'ardeur au travail, de la discrétion ; en règle générale, il lui faut une sensibilité vive, des membres bien proportionnés, de la robustesse. [...] Il la faut tempérante et sobre en toute occasion[2]. » À la fin du XVIIe, le cahier des charges n'a pas changé, à en croire Denis Fournier : « Elle doit être de bon âge, ni trop jeune, ni trop vieille, bien composée de son corps, [...] forte, puissante, laborieuse, endurcie au travail[3]. » « Si elle a elle-même mis au monde un enfant, renchérit le chirurgien bâlois Felix Würtz en 1612, cette expérience lui est très utile, car l'expérience consiste dans la sensation [...]. Elle doit avoir connu dans sa propre chair la peur, la détresse, l'angoisse, le chagrin et la douleur[4]. »

Avoir connu la douleur ? Dans bien des cas en effet, l'expérience de mère s'avère le meilleur des diplômes. On s'en remet aux femmes mûres qui, ayant déjà porté et survécu, sont passées par les mêmes épreuves. Leur rôle n'est pas seulement de « délivrer » : elles proposent des astuces pour combattre la stérilité, jettent des contre-sorts éloignant les esprits malfaisants, mitonnent secrètement des potions d'avortement et ondoient le nouveau-né s'il se trouve en danger de mort... En effet, la mentalité religieuse de l'époque barre l'entrée du Paradis aux enfants mort-nés, car ils n'ont pas été baptisés. Afin de leur épargner l'errance éternelle, l'Église donne autorité à la matrone pour asperger d'eau bénite les chérubins en sursis, ou les conduire au plus vite dans un « sanctuaire à répit » où ils seront brièvement ressuscités, le temps de leur ouvrir le couloir du Paradis. Il faut dire que la mortalité infantile est foudroyante. À l'époque, il faut mettre au monde trois enfants pour espérer que l'un d'eux atteigne l'âge adulte. «De petit enfant, petit deuil» relativise un proverbe du XVIIIe siècle...

L'accouchement médiéval se déroule de cette manière: une matrone et ses assistantes sont rassemblées autour de leur patiente, qu'on a au préalable assise sur un tabouret, en pétrissant son ventre afin de faciliter la délivrance. On a tendu un drap et allumé un feu dans la cheminée. Des médaillons de la Vierge sont dispersés dans la pièce, voire posés sur le ventre de la parturiente: un peu de secours spirituel ne peut pas faire de mal. D'autant que la sage-femme a tiré sa panoplie de crochets et écarteurs en tous genres, sans anesthésie ni stérilisation (au mieux, les instruments sont lubrifiés avec du beurre ou de la graisse de porc). La douleur est bien présente: pour lui donner du courage, on a donné à l'accouchée un quignon de pain imbibé de vin. Mais l'issue ne lui appartient pour ainsi dire plus, et la mort endeuille régulièrement l'acte de mettre au monde. Car un aspect quasi incontournable du travail des matrones est d'accoucher des enfants décédés. On ignore avec certitude quelles sont les causes de ces tragédies: une nourriture corrompue, la fragilité de la mère, les «mauvaises nouvelles» qui l'auraient accablée. L'énergie de l'accoucheuse se consacre alors à une seule et unique tâche: sauver l'accouchée. Elle empoigne un instrument métallique appelé céphalotribe afin d'écraser le crâne de l'enfant in utero et de l'expulser plus facilement.

Même lorsque l'enfant naît dans de bonnes conditions, il n'est pas encore tiré d'affaire. Dans les campagnes françaises, la matrone modèle les traits de l'enfant, encore malléables, du bout des pouces – engendrant nombre de difformités qui se manifesteront à l'âge adulte. Le nourrisson est également frictionné au vinaigre ou au sel, puis emmailloté dans des bandes de tissu très serrées afin de fortifier, pense-t-on, son maintien. Les semaines qui suivent sont décisives. C'est aussi le cas pour la mère ; si elle a survécu à cette douloureuse épreuve, la maladie peut encore l'emporter ! De virulentes épidémies de fièvre puerpérale se manifestent jusqu'au XIXe siècle en Europe, transformant les maternités en mouroirs. À Londres en 1838, les conditions hygiéniques sont telles qu'une accouchée sur quatre ne survit pas. Triste dédommagement pour la matrone qui, travaillant sans discontinuer pendant plusieurs heures et se risquant aux opérations les plus délicates, voit souvent son œuvre ruinée par une infection. D'ailleurs, que reçoit-elle en compensation ? Pas la moindre rémunération : son activité relève de la solidarité féminine. Occasionnellement, des cadeaux récompensent ses efforts.

Le métier de sage-femme, encore gonflé de superstitions et de savoirs antiques au Moyen Âge, évolue lentement mais sûrement. D'abord au fil des progrès techniques : on acclame l'invention du forceps, dont le secret avait été gardé jusqu'à la fin du XVIIe siècle par des médecins souhaitant conserver l'exclusivité de cet instrument miraculeux. Avec le temps, docteurs et chirurgiens sont introduits au chevet des délivreuses. En France, un certain François Mauriceau témoigne d'une grande influence à la cour de Louis XIV, et invente l'obstétrique moderne. L'auteur du *Traité des maladies des femmes grosses et de celles qui sont accouchées* (1668) paraphrase abondamment les auteurs antiques – Aristote et Hippocrate – et conseille à ses contemporaines d'être « associées à un homme qui ait le membre viril proportionné[5] ». Certes, il reste du chemin à parcourir… Mais son initiative a le mérite de jeter les bases d'un art médical à part entière, enseigné à l'Hôtel-Dieu de Paris et bientôt dans toutes les grandes capitales européennes. La sage-femme moderne est née, laissant derrière elle des heures sombres.

Ange gardien

Dans la tradition populaire, les anges gardiens sont des esprits bienfaisants, qui soutiennent l'individu confronté aux épreuves les plus difficiles. Le terme a été apprivoisé par un petit métier aux abords du XIXe siècle : recrutés par les marchands de vin, les anges gardiens sont des formes discrètes qui hantent les (nombreuses) tavernes de Paris. Puis, lorsqu'un ivrogne prend, trébuchant, le chemin du retour, cette bonne âme l'accompagne jusqu'à sa destination.

« On ne se figure pas ce qu'il faut réunir de qualités pour être ange gardien, écrit Aurélien Scholl en 1867. La sobriété est la première de ces vertus ; sans elle, il se laisserait tenter par son protégé, il boirait avec lui ! Avec la sobriété, l'ange gardien doit être doué d'une force physique qui lui permette de maîtriser son homme, de le ramasser s'il tombe, et de l'entraîner s'il résiste[6]. » Sans oublier de se méfier des « voleurs au poivrier » qui rançonnent les poivrots endormis sur les bancs des squares... En échange de quoi, parvenu au seuil de sa maison, le buveur lui glissera peut-être quelques piécettes dans le creux de la main.

Apothicaire

Leur travail, c'est la santé. Les apothicaires sont les ancêtres de nos pharmaciens, à ceci près que leurs ordonnances soulèveraient aujourd'hui bien des cœurs et des sourcils. Concoctions à base d'excréments, images pieuses, saignées, « poudres de sympathie »... Passés maîtres dans l'art de préparer sirops, breuvages, onguents et clystères, les apothicaires du Moyen Âge sont régulièrement consultés et leurs prescriptions suivies à la lettre.

Il est difficile d'identifier les racines tortueuses de la profession, qui remonte à l'Antiquité ; cependant, les statuts des apothicaires français sont établis à partir du XIIe siècle. C'est à cette époque que ceux-ci s'organisent en corporations et prennent pignon sur rue. Avant cela, ils étaient indissociables des marchands de remèdes ambulants, faisant sur le bord des routes la promotion d'élixirs miraculeux. L'ère médiévale voit donc fleurir leurs échoppes, toujours garnies d'objets insolites : insectes séchés, bocaux de faïence étiquetés en latin, instruments hétéroclites, alambics. Étonnamment, les apothicaires proposent aussi des denrées exotiques, comme du sucre ou des épices. Signe que leur science médicale ne s'est pas encore affranchie des superstitions religieuses, des ex-voto – offrandes symbolisant qu'une grâce divine a été accordée – sont également disponibles à la vente. L'apothicaire administre enfin des lavements, ce qui lui vaut à Paris le surnom cocasse de « limonadier des postérieurs » !

Érudit, fin connaisseur des propriétés animales et végétales, l'apothicaire est aussi un travailleur minutieux qui concocte ses mixtures au gramme près (et exige parfois des sommes mirobolantes en contrepartie). Ne dit-on pas aujourd'hui d'une personne qui chipote ses frais qu'elle fait « des comptes d'apothicaire » ? On comprend mieux sa pinaillerie en décortiquant les risques de la profession : car les tambouilles toxiques de l'apothicaire ne manquent pas de lui monter à la tête. Les mélanges de plomb et de mercure, destinés à des crèmes de beauté (c'est en s'en barbouillant que Maria Coventry, beauté notoire du XVIIIe siècle, succombera d'un empoisonnement du sang à l'âge de 27 ans), dégagent des vapeurs qui provoquent la chute de dents, la paralysie, voire la cécité.

En outre, si l'apothicaire a associé son nom a de macabres besognes, c'est pour la simple et bonne raison que son érudition l'a parfois rendu complice des empoisonneurs... L'origine du terme trahit d'ailleurs cette occupation : en grec ancien, la *pharmakeia* désigne l'art subtil de doser les remèdes et les poisons. Ainsi la retentissante « affaire des poisons », qui éclabousse la cour de Louis XIV à partir de 1679, vient-elle ternir la réputation de l'apothicaire Glaser, embastillé pour sa peine. D'autres commerçants de venins y participent sans le savoir ; il faut dire qu'à l'époque, les apothicaireries regorgent de produits toxiques destinés à éliminer rongeurs et autres nuisibles... De quoi alimenter le fructueux commerce des « poudres de succession ». La marquise de Brinvilliers, coupable d'avoir empoisonné son père, sa sœur et ses deux frères, avoue sous la torture que « la moitié des gens de condition [...] sont engagés dans ce misérable commerce de poison[7] ». Un véritable coup de tonnerre sous les fenêtres du Roi-Soleil !

Ce scandale d'État pousse les autorités à surveiller plus étroitement les « officines à poison » qui se confondent avec les apothicaireries de Paris. L'édit royal du 31 août 1682 oblige les apothicaires à tenir registre des quantités de substances toxiques achetées, des noms et demeures des marchands, et limite leur périmètre de vente[8]. Ce durcissement de la réglementation prévient les crimes d'empoisonnement au cours des décennies suivantes. Enfonçant le clou, Louis XVI renforce les contrôles en 1780, après qu'une « liqueur assoupissante, narcotique et pernicieuse » a décimé villes et campagnes[9]. En 1777, le roi remplace le Jardin des Apothicaires par le Collège de Pharmacie.

Les apothicaires ne courent plus les rues du XXIe siècle, supplantés par les pharmaciens en blouses blanches, mais ces derniers continuent d'honorer l'érudition de leurs prédécesseurs. Aujourd'hui encore, on peut remettre le produit de sa cueillette de champignons sauvages au pharmacien du coin, qui vérifiera s'ils sont comestibles... À moins qu'un aïeul vénéneux sommeille encore en lui.

Apprenti ramoneur

Apparue à la fin du XVIe siècle en Angleterre, la « fraternité noire » des ramoneurs a fort à faire dans les ténèbres de l'ère industrielle. Ce sont les bergers d'un cheptel de cheminées grandissant, poussant comme des champignons sur les toits de Londres, Paris ou Venise.

Voilà notre homme. Habillé d'une épaisse veste maculée de suie, coiffé d'une casquette, le visage noirci et émacié. Le ramoneur est accompagné d'un jeune garçon vêtu d'un accoutrement similaire, cousu dans du chiffon grossier ; il s'agit de son apprenti, dont il a la garde exclusive. On le surnomme en Angleterre *climbing boy*, le garçon qui grimpe (très rarement, le *climbing boy* est une fille). Le plus souvent, il s'agit d'un orphelin de six ans (certains témoignages font état de garçons de quatre ans à peine) confié par la paroisse à son maître afin de le soustraire à la pauvreté. Pari risqué, car son rôle consiste à s'introduire à l'intérieur des cheminées, épaissies de poussières, de cendres et de créosote, pour en faciliter le nettoyage – l'adulte étant généralement bien trop large pour s'y aventurer.

La tâche de l'apprenti est obscure à bien des égards. Il doit se contorsionner dans des conduits tordus et obstrués de poussières. Certains font moins de 20 centimètres de large. Il risque alors la suffocation, la chute ou pire, l'embrasement de la couche de suie amassée avec les années. Certains *climbing boys* restent coincés et meurent asphyxiés, leurs vêtements trop épais limitant leur mobilité. L'apprenti s'exécute pieds et mains nues : les pierres des conduits étant généralement brûlantes, le maître-ramoneur l'a habitué à cette chaleur en le faisant piétiner de la paille enflammée ou en frottant ses pieds avec de la saumure près d'une source de chaleur. Cela permet d'épaissir la peau d'une couche de corne qui le rendra peu à peu insensible aux brûlures. Avec le temps, l'apprenti ramoneur développe une habileté et une dextérité sans pareilles, qui s'avèrent bien utiles en d'autres circonstances : Henry Mayhew raconte, rançon de leur pauvreté, que certains deviennent « de téméraires cambrioleurs et voleurs » avec une capacité sans égale à escalader les murs de leur geôle[10]...

En dehors de leur temps de travail, les apprentis se restaurent (mais peu : ils doivent conserver une maigreur extrême), dorment et vivent chez leur maître, devenu leur tuteur à plein temps. Soumis à des impératifs légaux d'hygiène, le ramoneur est sommé de leur donner un bain au moins une fois par semaine : il n'est pas rare de voir certains s'en passer, comme ce garçon de Nottingham avouant fièrement se laver trois fois l'an – pour Noël, la Pentecôte et la Foire de l'Oie.

Seulement voilà : le contact rapproché avec les cendres et les poussières vaut aux apprentis (et aux ramoneurs eux-mêmes) des afflictions sévères. D'abord les yeux brûlés par la suie, des soucis musculaires, colonnes vertébrales tordues, paralysies précoces et autres déformations du squelette. Mais surtout, le « carcinome du ramoneur », que la profession a baptisé « verrue de suie ». Il s'agit d'un cancer de la peau apparaissant au niveau du scrotum, à l'emplacement où la corde du ramoneur, couverte de suie et de goudron, lacère ses chairs. Traitée de manière expéditive au mercure, cette affliction sévère est d'abord confondue avec une maladie vénérienne, car elle se manifeste souvent après la puberté... Bien que la victime la plus jeune à succomber à cette maladie infâme, en 1790, soit âgée de huit ans !

Fort heureusement, la protection des professionnels ne tarde pas à évoluer. Le Parlement britannique fixe l'âge minimal de recrutement des apprentis à huit ans en 1788, 14 en 1834, puis 21 en 1840. En parallèle, les médecins appréhendent progressivement les effets cancérigènes du goudron de houille, traitant plus efficacement les cancers des ramoneurs. Quant aux apprentis eux-mêmes, ils commencent à être remplacés à la fin du siècle par des outils mécaniques, mais certains perdurent dans l'illégalité, entraînant force condamnations. Début XXe, ces travailleurs au noir ont définitivement disparu des toits de Londres…

Arracheur de dents

L'histoire n'a retenu d'eux qu'un frisson – légitime – et une expression : « mentir comme un arracheur de dents ». Cette formule serait née de l'époque où les dentistes amateurs, attroupés dans les foires, promettaient à leurs patients qu'ils ne souffriraient pas… Ce qui ne pouvait être qu'affabulation : les clients crédules le constataient, bien malgré eux, quelques minutes plus tard !

La fonction d'arracheur de dents semble s'épanouir dans l'Europe médiévale, où elle est surtout pratiquée par les barbiers-chirurgiens à partir du XIVe siècle. La panoplie du professionnel comprend alors une paire de tenailles, un assortiment de lames, et surtout une bonne poigne pour extraire les molaires bien enracinées. En plus de maîtriser l'art subtil du mensonge, les arracheurs se font accompagner de ménestrels pour couvrir les cris de douleur de leurs victimes. Il n'y a pas encore de traités d'odontologie : dans les petits villages, c'est parfois le forgeron qui prend à son compte cette besogne, et les traitements irréfléchis sont monnaie courante. Les apprentis dentistes passent notamment la dentition de leur patientèle à l'eau-forte – un acide très corrosif – afin de leur rendre un éclat incomparable. Ce qui n'a pour effet que de déplumer les mâchoires de leurs contemporains. Pour soigner les dents cariées, qu'on pense larvées de vers, on les burine au marteau avec la pointe d'un clou ; une fois arrachées, on monte à leur place des dents saines, rachetées à leurs anciens propriétaires ou tirées de la bouche de cadavres.

À partir du XVIIe siècle, le commerce sucrier qui prospère dans les colonies (Jamaïque, Guadeloupe, la Barbade, Saint-Domingue) dépouille les mâchoires occidentales. La reine Elisabeth Ire d'Angleterre affiche un sourire édenté aux dents noires, signe de son goût pour la pâte d'amande, les sucreries et le pain d'épices. Ce qui rend, à en croire les ambassadeurs appelés à sa cour, ses allocutions difficiles à comprendre... En France aussi, nombreux souffrent en silence de maux de dents : les arracheurs s'établissent aux abords du Pont-Neuf, à Paris[11]. Louis XIV en est également victime, et les dents gâtées du souverain sont arrachées une à une. Un soir, attablé avec le cardinal d'Estrées, le Roi-Soleil se plaint de ses mâchoires complètement creuses : « Des dents, Sire, qui est-ce qui en a ? » lui rétorque le cardinal, compatissant[12].

Les maux de dents, extrêmement répandus, ouvrent la voie à une modernisation de la profession. Dans le beau-Paris, l'arracheur est petit à petit supplanté par des dentistes précurseurs, à l'image de Pierre Fauchard, qui publie son *Traité des dents* en 1728. À Lyon, en 1795, un certain Laurent Mourguet innove pour distraire sa clientèle : il fait installer sa chaise d'opération devant un petit théâtre de marionnettes de sa confection, rue Noire. C'est la naissance du célèbre Guignol...

Les arracheurs amateurs continuent d'essaimer sur les routes de campagne au long des XVIIIe et XIXe siècles, toujours accompagnés d'orchestres balourds. La fonction est alors assumée par des forains au bagout intarissable, mais dont la pratique n'a guère évolué depuis les temps médiévaux. Dans un hebdomadaire catalan de 1880, l'un de ces spécialistes se vante d'avoir extrait 475 dents en moins d'une heure à la foire de Perpignan !

Avaleur de dés

Les jeux d'argent n'ont pas toujours eu bonne presse. On trouve dans les archives londoniennes plusieurs mentions d'arrestations liées à des jeux de dés, et ce dès l'époque médiévale, où la pratique est courante dans les tripots (souvent avec la complicité du tavernier qui y trouvait son compte). En Angleterre, c'est sous l'égide d'Édouard III, en 1335, que les premières lois interdisant les jeux illicites entrent en vigueur : « Il est interdit, sous peine de mort, de se divertir à un autre jeu que celui de l'arc à mains et des flèches[13]. » Plutôt qu'un avertissement, un impératif militaire qui prépare les victoires de l'archerie anglaise dans les décennies à venir...

La législation est quelque peu assouplie au cours du demi-siècle suivant, notamment pour favoriser les loteries royales : ces divertissements extrêmement populaires génèrent des recettes considérables, permettant de financer des travaux publics d'envergure ou des guerres coûteuses. Mais les jeux de cartes et de dés sont encore l'apanage de l'aristocratie, tout comme les paris hippiques. Cela change au cours du XVIIIe siècle : les maisons de jeu clandestines prolifèrent, et avec elles leur lot de corruptions, tricheries et autres rixes alcoolisées. C'est à ce moment précis que pointe une curieuse profession. Des individus « dont la seule mission consiste à avaler les dés en cas de descente de police» s'installent autour des tables de jeu[14]. Et, en un tour de main, font disparaître les preuves...

Ce n'est toutefois que dans l'Angleterre du XVIIIe siècle que la profession aura été – brièvement – recensée. Ce qui n'est pas vraiment surprenant : à la même époque, en France, on joue plutôt au billard ou à la roulette... Ce qui exige un estomac autrement plus solide.

B

Baleinier

Depuis l'aube des temps, l'homme a scruté la mer comme il dévisageait les étoiles : avec une pointe de curiosité mêlée de terreur. « Je ne connais rien de plus terrible que la mer pour affaiblir un homme quelque fort qu'il soit » reconnaît Laodamas dans *L'Odyssée*[1]. Les mythes de l'Antiquité soulignent à la fois la fascination et la crainte que l'océan inspire. Peuplé de monstres marins et de divinités tempétueuses, c'est le repaire du Léviathan biblique ou du Kraken de la mythologie scandinave. Mais la mer est aussi nourricière, et la consommation de fruits de mer est attestée depuis des millénaires, ainsi qu'en témoignent les nombreux dépotoirs antiques bourrés de coques et de coquilles. S'aventurer en mer constitue donc, pour nos ancêtres, une tâche dangereuse mais nécessaire à leur survie. Tout particulièrement lorsqu'ils ont pour mission de chasser le plus gros mammifère que la Terre ait porté.

Difficile de dire quand les premiers baleiniers ont levé l'ancre. Des gravures rupestres découvertes en Norvège et en Asie orientale immortalisent des pêcheurs de baleines, mais les espèces concernées ne sont pas identifiables. Des os de cétacés datant de l'époque romaine ont également été exhumés près du détroit de Gibraltar, dans une zone autrefois utilisée pour les salaisons. Il n'est pas impossible que les animaux consommés se soient tout simplement échoués sur la grève. Une véritable aubaine : l'animal permet de nourrir un village de cent âmes durant un hiver entier.

C'est à partir du Moyen Âge que les chasseurs de baleine prennent le large en bandes organisées. Les pêcheurs basques traquent baleines franches, baleines grises et cachalots du golfe de Gascogne dès le XIe siècle. Une fois harponné et mis à mort, l'animal flotte et peut être remorqué jusqu'à la grève. Rien ne se perd, tout se transforme : en plus de fournir plusieurs tonnes d'une viande caoutchouteuse mais riche en protéines, la bête regorge d'huile qui sert de combustible ou de lubrifiant, et on utilise ses fanons pour renforcer les souliers ou fabriquer des filets de pêche. Preuve de l'importance économique de l'animal, une loi anglaise du XIVe siècle réserve au roi tout cétacé échoué sur les côtes britanniques… Le grapois salé, chair de baleine transformée en salaison, peut être conservé plusieurs mois et son commerce génère des profits considérables.

À partir du XVIe siècle, les Basques exportent leur art au large des côtes canadiennes, bientôt explorées par Samuel de Champlain. « [Les] baleines se pêchent tout le long des côtes de la nouvelle France presque en toute saison » écrit le navigateur au début des années 1600[2]. Il décrit avec précision la méthode séculaire des Basques : « Ils ont en chacune chaloupe un harponneur, qui est un homme des plus dispos et adroits d'entre eux, aussi tire-t-il les plus grands salaires après les maîtres, d'autant que c'est l'office le plus hasardeux. [...] Aussi tôt que ledit harponneur voit son temps, il jette son harpon sur la baleine, [laquelle] va au fond de l'eau. Et si d'aventure, en se retournant quelquefois, avec sa queue elle rencontre la chaloupe, ou les hommes, elle les brise aussi facilement qu'un verre.» Le harpon étant relié à une corde de chanvre solidement agrippée par le reste de l'équipage, la chaloupe suit les mouvements de la baleine («aussi vite qu'un cheval» nous apprend Champlain) et attend sa remontée à la surface pour l'achever à coups de piques et de lances.

Cette activité périlleuse se solde parfois par des naufrages. Une baleine blanche réplique violemment lors de sa première confrontation avec des pêcheurs au large du Chili, en 1810. Attaqué par un cachalot le 20 novembre 1820, le baleinier *Essex* sombre au large des îles Galápagos : il inspirera à Herman Melville son roman *Moby Dick* (1851). D'autres surprises attendent les baleiniers. En 1785, des pêcheurs de Dunkerque prétendent avoir découvert des tentacules de kraken dans la bouche d'une baleine. Ainsi les mythes antiques continuent-ils d'enténébrer les océans. .

Petit à petit, les bassins de reproduction des baleines, surexploités, s'assèchent. Le golfe de Gascogne, les côtes terre-neuviennes et brésiliennes se tarissent. Il faut aller chercher plus loin, en pleine mer, les indomptables cétacés – mission facilitée par l'invention du canon à harpon dans les années 1870.

En France, le rendement de la pêche à la baleine décroît fortement au cours du XIXe siècle, ce qui n'empêche pas l'industrie de continuer à prospérer. Il faut attendre 1946 pour voir s'établir les premiers textes législatifs de protection des baleines, qui ne sont pas toujours scrupuleusement respectés. Au XXIe siècle, le métier de baleinier a quasiment disparu. Comme sa proie d'autrefois.

Barbier-chirurgien

Profession typique de l'ère médiévale, malheureusement saturée de stéréotypes, la fonction de barbier-chirurgien apparaît timidement autour du XIe siècle en Occident. Ce, grâce à la clientèle des moines, dont la tonsure réglementaire les oblige à se faire raser régulièrement. Disposant d'une panoplie de lames en tous genres, le barbier rallonge bientôt son maigre pécule en prenant à son compte quelques tâches médicales.

À l'époque, les docteurs sont de simples consultants – des intellectuels formés à l'école de médecine – qui ne pratiquent pas d'opérations. Le tabou du sang est encore vivace, et souille les professions jugées « impures » : boucher, bourreau ou chirurgien. À Paris, les barbiers s'organisent en métier à partir de 1373, se mettant en tête « de soigner les pauvres gens ». Un siècle plus tard, la Guilde des Barbiers s'établit à Londres, puis mute en Confrérie des Barbiers-Chirurgiens au milieu du XVIe siècle. Leurs enseignes s'attribuent un symbole encore utilisé de nos jours : le poteau de barbier, à fond blanc et liseré rouge, rappelant les bandages qui viennent fermer les plaies ouvertes par une saignée.

On touche à l'une des tâches les plus communes du barbier-chirurgien : l'exécution de saignées, un prélèvement de sang censé purger le corps de ses excès humoraux. D'abord l'affaire de moines (décidément), qui voient dans ce prélèvement volontaire une forme de pénitence – faisant écho aux pratiques pénitentes de flagellation ou de privation volontaire et concourant au même objectif d'enrichir l'esprit en meurtrissant la chair – les saignées sont bientôt plébiscitées par toutes les couches sociales. Une véritable mode qui culmine à la Renaissance. Mauvaise idée : la perte de sang a tendance à affaiblir les malades et à achever les mourants... Cela n'empêche pas les têtes couronnées de se faire tirer le sang à leur tour, conférant à leurs raseurs un prestige qui n'avait jamais effleuré la profession. « Tous les princes et seigneurs eurent dès lors leur barbier privé, premier valet de chambre vivant dans leur intimité, comme celui du roi de France qui bénéficia aux XIVe et XVe siècles d'une audience plus grande que les médecins et chirurgiens attachés à la cour[3]. » Ainsi est anobli sous Louis XI un certain Olivier le Daim, personnage obscur que Victor Hugo vilipende dans *Notre-Dame de Paris* : « À la cour, on l'appelait poliment Olivier le Daim ; parmi le peuple, Olivier le Diable[4]. » Il est vrai que ce barbier, devenu courtisan du monarque, s'était rendu coupable d'abus de pouvoir et d'escroqueries en tous genres : ses manigances lui vaudront un aller simple pour le gibet de Montfaucon.

En dehors des saignées, les barbiers-chirurgiens administrent quelques lavements, appliquent des sangsues médicinales, soignent les abcès et les rages de dents. Une amputation de temps en temps, pour joindre les deux bouts. Et bien sûr, ils rasent. Qu'on se rassure, ce ne sont pas des bouchers : ils traitent hernies, calculs rénaux, fractures ou cataractes avec une habileté sans pareille, et anesthésient même leurs patients à l'opium ! Mieux encore, à partir de la Renaissance, leur formation en médecine est assurée par leurs détracteurs d'antan – ces docteurs qui refusaient de se salir les mains –, garantissant leur maîtrise de l'anatomie. Ambroise Paré, l'un des pionniers de la chirurgie moderne, commence son apprentissage auprès d'un barbier-chirurgien avant de se rendre à Paris dans les années 1530. Même trajectoire pour Jacopo da Carpi, fils de barbier-chirurgien italien, qui ouvre la voie aux grands anatomistes transalpins du début du XVIe siècle.

L'intellectualisation de la chirurgie est en marche, et va procéder du déclin des barbiers-chirurgiens. Déjà, sous Louis XIV,

Molière moque les traitements expéditifs des médecins de son temps : « Votre Monsieur Purgon, [...] c'est un homme tout médecin, depuis la tête jusqu'aux pieds. Un homme qui croit à ses règles plus qu'à toutes les démonstrations des mathématiques, et qui croirait du crime à les vouloir examiner ; qui ne voit rien d'obscur dans la médecine, rien de douteux, rien de difficile ; et qui, avec une impétuosité de prévention, une raideur de confiance, une brutalité de sens commun et de raison, donne au travers des purgations et des saignées, et ne balance aucune chose[5]. »

Une ordonnance royale de 1743 scelle leur sort. Louis XV distingue définitivement le barbier et le chirurgien, ce dernier perdant le droit « de faire l'exercice de la barberie[6] ». L'année suivante, le Parlement de Londres décapite à son tour la guilde des barbiers-chirurgiens. En France, l'Académie Royale de Chirurgie, tout juste fondée, ramène chirurgiens et médecins sous le même toit. Les barbiers se consolent en confectionnant des perruques qui feront fureur – du moins jusqu'à la Révolution.

Bestiaire

Une foule compacte s'ébranle et se dirige, comme un seul homme, vers le Colisée de Rome. Nous sommes au Ier siècle après J.-C., et l'empereur Auguste organise des chasses spectaculaires, à ne manquer sous aucun prétexte ! Ce matin, de jeunes hommes armés de lances et de fouets vont s'avancer sur les sables de l'amphithéâtre. Ils se font appeler bestiaires (*bestiarii*) ou chasseurs (*venatores*). Lorsque les trappes s'ouvriront, leur sang ne fera qu'un tour : aussitôt lions, éléphants, hippopotames, rhinocéros, zèbres, autruches ou crocodiles pénétreront dans l'arène. Au forum, la rumeur court qu'Auguste y déploiera un python de neuf mètres...

Ces guerriers, amateurs de sensations fortes, ne sont pas tous volontaires. Sénèque rapporte le suicide d'un bestiaire germain qui, craignant d'affronter les bêtes, s'enfonça une éponge – dont les Romains se servent pour leur toilette intime – dans la gorge. Dans le lot, on trouve beaucoup de condamnés à mort, livrés aux animaux nus et désarmés. Mais les chasseurs de l'arène qui s'y engagent volontairement peuvent amasser des fortunes. D'autres sont en quête de gloire et d'honneurs, passeport vers une carrière politique. C'est pourquoi l'aristocratie romaine y participe : Néron s'y est essayé, Commode y a triomphé (sa spécialité, la décapitation des autruches), Tibère lui-même a transpercé un sanglier de javelots vers la fin de son règne...

Bien sûr, même s'ils ont davantage de chances de survie que leurs homologues gladiateurs, les chasseurs courent de grands risques. Certains sont lacérés par les griffes des lions, d'autres piétinés par les éléphants. Il n'est pas rare de voir les bêtes en furie aller jusqu'à éventrer les premiers rangs des spectateurs – ce qui poussera à hisser des barrières et à creuser des fossés au pied des gradins. On raconte que l'empereur Claude fit abattre un lion trop habitué au goût de la chair humaine...

À l'issue de ces spectacles, les tableaux de chasse prennent des proportions affolantes. Neuf-mille animaux (!) sont mis à mort lors de l'inauguration du Colisée. Il faut imaginer le nombre de carcasses tirées dans le ventre de l'arène pour y être dépecées... Jusqu'au IVe siècle, leur trafic fait l'objet d'un commerce lucratif : dresseurs, braconniers et fournisseurs les monnayent à prix d'or. Cependant, à mesure que Rome marche vers sa chute, les éléphants des colonies africaines, les hippopotames de Nubie et les tigres d'Hyrcanie ont presque tous disparu. L'extinction guette, mais qui s'en préoccupe ? Devant le Colisée sur lequel la nuit est tombée, on profite du banquet dressé par l'empereur. Et des viandes souillées du sang des bestiaires qui, dit-on, fortifient l'âme.

Bouffon

Parce qu'il avait offensé une dame de la cour après une mauvaise plaisanterie, Triboulet, le bouffon du roi François Ier, fut condamné à mort. Grand seigneur, le monarque lui accorda le choix du châtiment. «Bon sire, par sainte Nitouche et saint Pansard, patrons de la folie, je demande à mourir de vieillesse» répliqua Triboulet. Amusé par sa vivacité d'esprit, François Ier l'épargna.

Bouffons, fous et autres «grimaciers» amusent les cours européennes à partir du Moyen Âge. Ces amuseurs chantent des airs paillards, pratiquent des acrobaties et surtout fusillent les courtisans – voire le roi – de plaisanteries corrosives... Triboulet s'adresse à son maître en l'appelant «mon cousin», ultime pied de nez aux convenances. Magnanime, le pouvoir se complaît dans cette inversion des rôles où le fou se permet toutes les impertinences. Le bouffon, avec sa couronne de grelots et sa marotte en guise de sceptre, joue les doubles idiots des puissants. On en rit de bon cœur.

Dans la facétie et la gaudriole, chacun trouve une spécialité à son goût. Taillefer, bouffon de Guillaume le Conquérant, jongle avec ses armes avant la bataille d'Hastings, en 1066 (selon la légende, ce sera la première victime du combat, les Anglais agacés ayant fondu sur lui). Au XIIe siècle, Roland, dit le Petour, exerce à la cour d'Angleterre ses talents de pétomane. Sous Louis XIII, un persifleur surnommé l'Angély rapporte les potins et les indiscrétions – à tel point que les courtisans monnayent son silence en le couvrant d'or... C'est le privilège du «fou en titre d'office» : insensible aux faux-semblants qui gangrènent les sommets de l'État, il peut se permettre de dire la vérité, si dangereuse soit-elle.

Proches du trône, il n'est pas rare de voir certains bouffons s'enivrer du pouvoir et se mêler de politique. Chicot, qui alternait pitreries et conseils avisés, aurait ainsi contribué à la conversion du roi Henri IV au catholicisme. «Monsieur mon ami, lui dit-il, je vois bien que tout ce que tu feras ne te servira de rien si tu ne te fais pas catholique. Il faut que tu ailles à Rome [...] : tu prendras un beau clystère d'eau bénite, pour achever de laver tout le reste de tes péchés[7]. » Les conseils ou les mauvaises nouvelles sont mieux avalés sous couvert de farces... En 1340, après la déroute de l'Écluse – l'un des premiers déboires français de la guerre de Cent Ans –, les ministres tergiversent. Ils redoutent d'annoncer au roi Philippe la déculottée formidable que la flotte française a essuyée. Son bouffon prend alors la parole : «Oh, les couards d'Anglais, les couards d'Anglais» peste-t-il. «Ils ne se sont pas jetés à l'eau comme nos braves Français[8] ! »

Véritable passe-droit, l'insolence des amuseurs leur attire néanmoins les foudres des puissants. Au XVe siècle, au terme d'une énième excentricité, le bouffon italien Gonnella a la tête sur le billot. Son maître a ordonné, pour lui donner une bonne leçon, une fausse condamnation à mort. Mais bien que le bourreau n'ait pas l'intention d'abattre sa hache, il se retrouve avec un cadavre sur les bras : le pauvre Gonnella est mort de peur sur l'échafaud... À la cour de Charles Quint, le bouffon Don Francesillo de Zúñiga subit un sort similaire. Fusillant les courtisans avec des plaisanteries au vitriol, il finit par être chassé du palais. Sur ordre de deux nobles qu'il avait froissés, il est poignardé en 1532 dans les rues de Béjar. Mortellement blessé, Don Francesillo a tout juste le temps de rentrer chez lui pour y retrouver sa femme qui, affolée, lui demande ce qui lui est arrivé. «Rien, madame, si ce n'est qu'on a tué votre mari» répond-il avant d'expirer[9]...

Passée la Renaissance, le bouffon est chassé des salles du trône. Louis XIV ne s'encombre pas de ce valet bariolé et mesquin : l'absolutisme ne tolère pas l'irrévérence. Réfugiés dans la vie civile, les amuseurs continuent de moquer la raison d'État. Immortalisée dans le jeu de tarot, la figure du bouffon deviendra, outre-Atlantique, le Joker – carte maîtresse qui continue de côtoyer les valets, les dames... et les rois.

C

Canut

«Pour être un bon canut, il y faut beaucoup d'âme[1].» L'écrivain lyonnais Clair Tisseur ne s'y trompe pas lorsqu'il décrit, à la fin du XIXe siècle, le quotidien des ouvriers de la soie. Les manufactures ont transformé la cité. Animé par 80 000 travailleurs – la moitié de la population de la ville –, le quartier de la Croix-Rousse est devenu une fourmilière humaine. Au XIXe siècle, l'essor textile vaut à Lyon le titre de première ville ouvrière de France. Mais si les patrons des fabriques s'enrichissent, le quotidien des «compagnons», affairés dix-huit heures par jour devant leur métier à tisser, n'est pas rose... Payés au lance-pierres, soumis aux fluctuations économiques, les canuts s'entassent en famille dans des masures humides et insalubres. Des quartiers clos, rongés par la misère, traversés de «rues étroites et boueuses que le soleil ne visite jamais» et dominés par les vapeurs des industries chimiques voisines[2]. Une cage contenant un oiseau est surveillée du coin de l'œil par le canut : lorsque les émanations toxiques auront raison de lui, il y aura lieu de s'inquiéter !

La rudesse de leurs conditions de travail est prétexte à toutes les solidarités. « Nulle part que dans cette ville il n'y eut plus de rêveurs utopistes, écrit Michelet. Nulle part, le cœur blessé, brisé, ne chercha plus inquiètement des solutions nouvelles au problème des destinées humaines[3]. » Les premières sociétés mutualistes (qui permettent, grâce à une cotisation, de se prémunir du chômage, de la maladie et de la vieillesse) y prennent racine dans les années 1820. En 1831 paraît le premier quotidien ouvrier, *L'Écho de la Fabrique*. Les idéaux socialistes y ont évidemment bonne presse. La même année, le cri des compagnons se répand comme une traînée de poudre : « Vivre libre en travaillant ou mourir en combattant ! » C'est la première insurrection. Réduits au silence par les milices de Louis-Philippe, les canuts se rebellent à nouveau en 1834, 1848, 1849. Ils échappent aux représailles des soldats grâce aux fameuses « traboules », ces passages qui traversent les cours d'immeuble du vieux Lyon... mais ne peuvent empêcher l'inéluctable. La modernisation des métiers à tisser, l'apparition de soie artificielle et la concurrence internationale ont raison de leur profession.

Berceau des syndicalismes, des systèmes d'assurance et des anarchies sociales, la capitale des Gaules laisse en héritage un tissu de solidarités. Patrie des imprimeurs et de Jean Moulin, ce sera aussi le cœur battant de la Résistance pendant l'Occupation. Les journaux résistants *Combat*, *Franc-Tireur* et *Le Coq enchaîné* y sont tirés et diffusés en masse... Signe que l'âme rebelle des canuts y vit encore.

Castrat

Pour percer dans la chanson, il faut savoir payer de sa personne. C'était particulièrement le cas sous l'Ancien Régime.

Comment sont nés les castrats, dont les voix angéliques s'élevaient alors au chœur des cathédrales ? Si l'Europe s'enflamme pour la « troisième voix » à compter du XVIIe siècle, c'est peut-être le fait d'une importation ottomane. En Orient, cela fait plusieurs siècles en effet que les eunuques, gardiens des sérails, sont châtrés. Cela aura permis, bien involontairement, d'admirer leur timbre remarquable... Toujours est-il que l'Italie se met à pratiquer l'éviration dès le XVIIe siècle. « Ici on châtre proprement et à bon marché » lit-on, à en croire les voyageurs du temps, sur les enseignes des barbiers romains. De l'autre côté des Alpes, les Lumières s'offusquent : « Il se trouve en Italie des pères barbares qui, sacrifiant la nature à la fortune, livrent leurs enfants à cette opération » regrette Jean-Jacques Rousseau[4]. Les castrats riches et célèbres inspirent aux parents pauvres des rêves de grandeur. Parfois, ils en viennent à prétexter une maladie obscure ou l'attaque d'un sanglier pour justifier l'opération...

Un enfant se fait opérer entre sept et douze ans, avant la fameuse mue de l'adolescence. Il est plongé dans un bain chaud pour atteindre une sorte de léthargie (l'usage d'opium est parfois constaté), situation la plus proche de l'anesthésie médicale, après quoi les testicules sont retirés. Bien sûr, vu le gain à réaliser pour des barbiers sans scrupules, certains bouchers savent s'improviser châtreurs... Et des dizaines d'enfants ne survivent pas à une opération bâclée. D'autant que d'autres aspects physiologiques sont bouleversés par l'ablation génitale : absence de pilosité et de pomme d'Adam, membres très longs par rapport à la taille du corps, tendance à l'embonpoint et sexe de taille réduite.

La papauté, pourtant hostile à la pratique, détourne le regard : la castration est autorisée *ad honorem Dei*, « pour la gloire de Dieu ». Il faut dire que les femmes sont depuis toujours exclues du corps des chanteurs, à l'appui d'un vieil énoncé biblique : « Comme dans toutes les Églises des saints, que les femmes se taisent dans les assemblées » (1 Corinthiens 14:34). Florence, Lecce, Milan et Venise voient passer des centaines d'enfants sous les couteaux des barbiers. Confrontées à une forte croissance de la demande, les écoles de Naples et de Bologne se spécialisent dans leur formation. Mais il y a peu d'élus : seul un castré sur dix parvient à percer dans le milieu. L'immense majorité se retrouve sans le sou, avec pour toute fortune une voix hybride, aigre et nasillarde.

Quant aux heureux élus, ils doivent d'abord subir une éducation rigide en institution religieuse. Lever à cinq heures du matin, confession hebdomadaire, repas silencieux et une grande dose d'exercices vocaux à vocation spirituelle... De plus, on n'y mange presque rien. « Ces écoliers ont le visage décharné et pâle comme la mort, écrit Sara Goudar. Il n'y a que les administrateurs qui ont le visage large et le teint fleuri. La plupart de ceux-ci sont à la veille de crever d'opulence à force de manger alors que leurs élèves manquent d'aliments[5]. » À cela s'ajoute un violent rejet de la part des autres écoliers non castrés. De quoi faire fuguer plusieurs apprentis chanteurs.

Ceux qui parviennent au bout de leur formation et conservent une voix miraculeuse voient aussitôt s'ouvrir un chemin pavé d'or et de gloire. Adulés sur les scènes européennes, jonglant avec les compositions de Haendel, Monteverdi ou Vivaldi, les castrats mènent une vie de pop-stars avant l'heure. Sur scène, ils interprètent César, Pompée, Achille ou Alexandre. Grimés, coiffés de perruques, ils se glissent également dans des rôles féminins. À la ville, leur physique androgyne leur ouvre les lits des hommes comme ceux des femmes. Mais le public n'a pas forcément le goût des «chapons»: les Français, particulièrement, se moquent de ces chanteurs aux voix stridentes. Il est vrai qu'ils se rendent célèbres par leurs caprices: ainsi Marchesi exige-t-il d'entrer sur scène armé de la tête aux pieds, coiffé d'un casque à plumes, en entonnant son air préféré! Au XVIIIe siècle, les castrats continuent d'être acclamés, notamment sur les scènes de Vienne et de Londres. Farinelli, «le plus grand châtré de l'univers», stupéfie par la souplesse de sa voix, la grâce de son interprétation mais aussi sa générosité et sa modestie hors de la scène. Signe que ce caractère n'est guère répandu parmi ses confrères.

Vers la fin du XVIIIe siècle, le succès des castrats et de l'*opera seria* s'essouffle. La musique baroque est passée de mode, et ses hérauts sont les sujets de moqueries sournoises. Rouget de Lisle, compositeur de la *Marseillaise*, plaisante en 1792: «Notre armée pourra tirer peu de profit d'un canon dépourvu de balles[6]!» Six ans plus tard, les États pontificaux révoquent l'interdiction faite aux cantatrices de chanter dans les théâtres. Les castrats sont définitivement évincés.

Chapelier

Troubles de l'élocution, tremblements, hallucinations, anxiété: aux XVIIIe et XIXe siècles, les fabricants de chapeaux affichent des symptômes inquiétants, à tel point que l'expression «fou comme un chapelier» (*mad as a hatter*) entre dans la langue de Shakespeare. La raison? Pour raffermir le feutre qui vient garnir leurs chapeaux, les fabricants utilisent une lotion à base de mercure, appliquée sur les peaux de lapin, de lièvre ou de castor. Découverte par les huguenots français au XVIIe siècle, la recette est exportée outre-Manche après la révocation de l'Édit de Nantes, qui les a poussés à l'exil. Dans des ateliers étroits et bas de plafond, ces vapeurs provoquent des dommages irréversibles, allant de la perte de mémoire à la démence profonde. Lorsque Lewis Carroll publie *Alice au Pays des Merveilles*, en 1865, il introduit le personnage du Chapelier Fou – signe que le fléau est courant à l'époque...

Charognard des eaux boueuses

Si une image vaut mille mots, le qualificatif de leur profession en dit suffisamment long : les charognards des eaux boueuses (ou moineaux des boues) fouillent les égouts ou le lit des fleuves afin d'y trouver quelque chose à revendre. En anglais, on distingue les *toshers*, qui s'infiltrent – illégalement – dans les canalisations et les *mudlarks*, qui pataugent sur les berges des fleuves empuantis.

Apparus dans l'Angleterre des XVIIIe et XIXe siècles, en même temps que leurs homologues « terrestres », ces chiffonniers maritimes ont un cadre de travail particulièrement malsain. Immergés dans la Tamise jusqu'à la taille, ils pataugent dans une eau fétide souillée d'excréments où affleurent rejets industriels, cadavres d'animaux et morceaux de verre brisé qui ne tardent pas à leur lacérer les chairs. Inutile de dire que les risques d'infection sont multiples.

Plantons le décor : à la fin du XVIIIe siècle, la Tamise est un égout à ciel ouvert, une « soupe monstrueuse » qui provoque nombre de nausées et d'infections. En 1858, les fortes chaleurs de Londres exacerbent les émanations nauséabondes : c'est la Grande Puanteur (*Great Stink*). Les industries naissantes sont situées aux abords du fleuve et leurs rejets contaminent les eaux, déjà souillées par les abattoirs et les tanneries. Qui plus est, dans un contexte de pandémie galopante, le choléra transite dans l'eau contaminée : plus de 10 000 Londoniens y succombent en 1853. Les morsures de rats sont également facteur de risque. En 1749, le corps d'un homme est découvert dans une canalisation : d'après les enquêteurs, il s'agissait « d'un individu ayant pour habitude de traverser l'égout principal à la recherche de chiens crevés pour le bénéfice de leurs peaux[7] ».

Quels trésors ces miséreux convoitent-ils ? Les plus aguerris n'hésitent pas à arracher le cuivre de la proue des bateaux afin d'en tirer un montant substantiel au marché noir. Certains repêchent les animaux morts – chiens, chats notamment – pour revendre leur peau ou leurs os. En dehors de cela, les éléments les plus recherchés sont les pièces de monnaie, les bijoux perdus, l'argenterie, sans oublier le charbon ou les grossiers morceaux de métal.

D'après les chroniqueurs de l'époque, ces métiers sont quasi exclusivement l'apanage de jeunes garçons – entre huit et quinze ans – ou de robustes vieillards. Ceux-ci s'arment d'une perche de deux mètres de long afin de sonder les eaux noires (et ne pas perdre pied). Auteur d'une enquête approfondie sur les pauvres du siècle, Henry Mayhew admet que les charognards des eaux sont « les plus repoussants individus qu'il lui a[it] été donné de rencontrer au cours de ses enquêtes » : *mudlark* n'est-il pas le terme d'argot pour désigner un porc[8] ?

Combien gagnent-ils ? Cela dépend, bien évidemment, de la « pêche » du jour. Le panier du moineau peut rester vide malgré de longues heures de fouilles, ou bien se remplir d'objets hétéroclites en quelques heures à peine. Reste alors à dénicher un acheteur bienveillant. La plupart du temps, le miséreux s'éloigne des rives de la Tamise l'après-midi pour espérer gagner quelques piécettes en ouvrant les portes des calèches aux *ladies*. En revanche, en vrai rat de canalisation, le *tosher* peut récolter six shillings par jour en menue monnaie. Un salaire honorable – plus d'une quarantaine de nos euros ! Soit près de 20 000 livres par an, que se partagent 200 vagabonds des souterrains de Londres…

De l'autre côté de la Manche, la Seine ressemble à s'y méprendre au cloaque londonien. Embourbée d'excréments, elle est décrite par Louis-Sébastien Mercier comme « un ruisseau large et noir, comme le Styx, épais et limoneux[9] ». Ce ne sont pas les tripiers, installés sur les rives du fleuve, qui vont le contredire… Ni ce voyageur affirmant sans détour que « Paris est un peu plus propre qu'une étable[10] ». On y voit effectivement des individus patauger dans la boue, mais il s'agit moins de chiffonniers que de « traverseurs ». Ces derniers embarquent les dames de la bonne société sur leur dos afin de leur éviter de se salir dans la boue fétide…

Preuve que les *mudlarks* n'ont pas pignon sur rue à Paris, les citoyens qui perdent leurs effets dans la Seine n'ont personne vers qui se tourner. Il leur est conseillé de déposer sur l'eau, quai de la Tournelle, une planche de bois avec « un morceau de pain béni et un cierge allumé ». La chandelle est censée s'éteindre lorsque, sur son parcours, elle atteint l'endroit où l'objet s'est perdu. En 1718, une femme dont le fils s'était noyé dans le fleuve suit ce conseil ; entraînée par le courant, sa chandelle vient enflammer la barge d'un marchand de foin… Vingt-deux maisons du Petit-Pont partent en fumée, et la tradition est abandonnée sur-le-champ.

Avec le développement des systèmes de canalisation, à la fin du XIXe et au début du XXe siècle, les charognards des eaux sont chassés. Enfin, les fleuves s'éclaircissent.

Chasseur de nuisibles

Parce qu'ils éventraient les sacs de grains, propageaient les maladies, transgressaient la moralité ou attaquaient les citadins, des millions d'animaux nuisibles ont été éliminés par l'homme. Cela ne date pas d'hier. Les sauterelles qui grouillent autour du Nil accablent les peuples de l'Égypte antique. Les moustiques pullulant dans les fossés et les fontaines de Rome propagent la malaria, à l'origine d'une hécatombe qui frappe sévèrement l'Empire en 450[11]. Un certain nombre d'auteurs de l'Antiquité prennent le problème à bras-le-corps, et proposent déjà des recettes antiparasitaires : mixtures à base de de cendres, d'amurca, d'urine, élevage d'insectes prédateurs à proximité, combustion de galbanum, fumigènes… Mais les techniques, encore balbutiantes, ne portent pas vraiment leurs fruits. À commencer par les recommandations de prier ou de sacrifier régulièrement aux dieux de la fertilité !

Le Moyen Âge poursuit sa lutte contre la « vermine » sans davantage de succès. Les ruelles médiévales, encombrées de déchets de boucherie et d'excréments, attirent les nuisibles à l'intérieur des remparts. La toponymie des cités médiévales reflète aujourd'hui encore cette pollution : combien de rues Merderouille, du Cloaque, Pipi, du Bourbier, des Aysances ? En parallèle, les étals des charcutiers, des tanneurs et des tripiers font ruisseler le sang à même le pavé, pour le plus grand régal des vers et des rats. Même dans les cimetières, le dernier sommeil est troublé par les chiens et les loups qui rongent les os !

Curieusement, les tribunaux médiévaux font comparaître un certain nombre d'animaux devant le bras inquisiteur de la justice. En 1386, après neuf jours de procès, une truie ayant mutilé un nourrisson est pendue à Falaise. Les insectes sont également ciblés «par le dommage qu'ils faisaient aux biens de la terre»: au début du XIIe siècle, l'évêque de Laon excommunie les mulots et chenilles qui ont ravagé un champ, punition qui visera aussi des charançons et des sauterelles à Millières, cinq siècles plus tard[12]. Inutile de dire que ce genre de punition n'empêche pas la récidive...

D'autres initiatives sont lancées pour lutter plus efficacement contre les nuisibles. Les chats, en particulier, traînent une mauvaise réputation au Moyen Âge: on les dit complices des hérétiques et associés du diable. Dans sa bulle pontificale *Vox in Rama* (1233), le pape Grégoire IX imagine le félin présidant des cérémonies maléfiques! À Ypres, en Belgique, le Kattenstoet est une manifestation très populaire qui voit des citadins jeter des chats du haut du beffroi afin de se débarrasser des esprits malveillants. «Leur fausseté et leur malice sont bien connues» écrit Édouard, duc d'York, au début du XVe siècle[13]. Certes, les massacres de chats noirs par l'Église tiennent de la fiction, mais on peut imaginer que l'animal n'est pas bienvenu dans les cités européennes... C'est dommage: les populations de rats s'en trouvent décuplées, et leurs puces propagent notamment la peste bubonique qui ampute d'un tiers la population européenne au XIVe siècle.

Les chiens errants sont également massacrés, généralement lors des épisodes de peste. En Angleterre, c'est la tâche des «fouetteurs de chiens» (d'ordinaire chargés de faire taire les animaux pendant les offices religieux et de maintenir éveillés les paroissiens qui trouveraient les sermons trop soporifiques...) que d'exterminer les bêtes enragées. On ne fait pas toujours la différence entre les espèces: en 1630, un certain John Campe est chargé d'éliminer chats, cochons, chiens et canards des rues de Norwich «à cause du danger de la contagion[14]».

Mais la palme de la «pestilence» revient sans aucun doute aux rats. C'est leur prolifération qui pousse un autre abatteur de nuisibles à travailler dur: l'attrapeur de rats a du pain sur la planche, en particulier dans les grandes villes industrielles du XIXe siècle[15]. Dans l'Angleterre victorienne, un attrapeur nommé Jack Black est passé à la postérité. Son attirail: cages en fer, bouteilles d'arsenic, fox-terriers et furets. Les égouts et les caves de Londres grouillent alors de rongeurs: Jack Black en aurait attrapé pas moins de 700 sur une seule propriété de Camden Town! Mais les risques sont grands, les morsures pouvant être sources d'infections et de blessures sévères.

Heureusement, l'attrapeur arrondit son pécule en revendant ses prises vivantes à des taverniers peu scrupuleux: elles sont ensuite mises à mort lors de concours clandestins, tenus dans les sous-sols des pubs anglais. De nombreux clients s'y rassemblent dans l'illégalité pour miser sur le chien qui en éliminera le plus... ou le rat qui survivra à ses prédateurs. À Paris, ville de gastronomie, on le réserve à un tout autre usage: «Un rat se vend de 25 à 50 centimes. On en prend quelquefois 10 à 15 en une nuit. Sa peau sert pour les gants. Sa chair [...] se mange dans plus d'une gargote. Ceux qui ont goûté prétendent que c'est exquis[16].» Des volontaires?

Chasseur de prêtres

Au début du XVIe siècle, un vent nouveau souffle sur l'Europe. La Réforme protestante, entamée par Martin Luther en 1517, gagne chaque jour de nouveaux partisans. Les idéaux du moine allemand séduisent: on dénonce la vente des indulgences, ces pardons monnayés par l'Église, et on place l'humanité dans une perspective de salut plutôt que de damnation éternelle. Il y a tout à gagner. «Si on ne peut pas rire au paradis, je ne veux pas y aller» raille Luther. Flairant le bon coup, le roi Henri VIII en profite : il embrasse les thèses protestantes et consacre l'Angleterre anglicane en 1531, s'affranchissant du même coup de la tutelle du pape. Du jour au lendemain, les catholiques sont devenus hors-la-loi.

Soucieux de garantir sa nouvelle indépendance, Henri VIII multiplie les persécutions. Il bannit les séminaires, interdit les publications de l'Église catholique, jugule le trafic de rosaires et d'images pieuses. En outre, il crée une milice impitoyable chargée de traquer les religieux en fuite. Ceux qui n'ont pas pris le chemin de l'exil se sont réfugiés dans les manoirs des nobles, dans le nord du pays, où ils participent à des messes clandestines. Aujourd'hui encore, on peut trouver dans ces vieilles bâtisses des passages secrets, les «trous-aux-prêtres», qui permettaient aux religieux de s'enfuir ou de se cacher en cas de descente de police. Leurs poursuivants se frottent les mains : chaque prêtre capturé vaut une prime juteuse. La chasse à l'homme peut commencer...

Les chasseurs redoublent d'inventivité pour parvenir à leurs fins. Ils interceptent les lettres, investissent les cérémonies secrètes, emploient la torture. Travestis en officiants catholiques, ils infiltrent les cercles de prêtres renégats. Ces «loups en habits de moutons» utilisent tous les artifices de l'espion : codes secrets, déguisements, informateurs. Ils se font même emprisonner dans des geôles bourrées de suspects afin de leur arracher, sous couvert de sympathies religieuses, une confession[17]... Au terme d'une chasse impitoyable qui se maintient jusqu'au début du XVIIIe siècle, notamment en Irlande, de nombreux prêtres sont exécutés pour haute trahison. Le divorce entre catholiques et protestants est consommé. Aujourd'hui, bien que cinq siècles aient passé, ces deux Angleterre ne sont toujours pas réconciliées : en vertu d'une loi de 1701, tout membre de la famille royale devra, s'il souhaite se convertir au catholicisme, renoncer à la couronne...

Chasseur de vampires

Eau bénite, gousses d'ail, balles en argent, crucifix, pieux d'aubépine : nous connaissons tous la panoplie du tueur de vampires. Mais saviez-vous que cette profession mystérieuse s'était autorisée quelques escapades en dehors de la fiction ?

Les créatures buveuses de sang hantent les consciences depuis le Moyen Âge. C'est surtout en Europe de l'Est, dans les défilés des Carpates et les villages reculés des Balkans, que ces légendes mûrissent Mais, curieusement, il faudra attendre le XVIIIe siècle, époque de la raison triomphante, pour que le vampire connaisse sa résurrection la plus marquante. Tout commence en 1721, dans un petit village serbe : en quelques jours, 15 villageois sont terrassés par un mal inconnu. La crainte devient terreur, à tel point que le Conseil de guerre de Belgrade doit dépêcher ses enquêteurs sur place. S'ensuivent une fouille minutieuse des environs et l'autopsie de dizaines de cadavres. Pendant ce temps, d'autres signalements affluent : en Silésie, en Bohême, en Pologne, en Grèce, on redoute de nouvelles manifestations. Des milices déterrent les dépouilles de vampires présumés et, d'un coup de pieu au cœur, les épinglent dans leur dernier sommeil... La présence de sang au coin des lèvres, ainsi que d'ongles particulièrement longs, sont les principaux indices qui permettent de conclure au « vampirisme ».

Psychose ? Hystérie collective ? Farce de mauvais goût ? Publié la même année, le rapport officiel ne tranche pas. En Serbie, les chasseurs de vampires auraient décapité 40 cadavres et dispersé leurs cendres. Ce curieux phénomène fait l'effet d'une bombe dans les gazettes européennes. Dans les salons mondains, on en débat avec animation: l'un blâme les mœurs décadentes des peuples slaves, l'autre une civilisation trop perméable à la superstition... En réalité, ce qui a motivé la traque de ces créatures, c'est d'abord un savoir médical encore tâtonnant. À l'époque, on ne comprend pas bien le processus de décomposition. On ignore par exemple que les organes en putréfaction viennent naturellement baigner de sang la bouche des dépouilles. Ou que, contrairement à une idée reçue, ce ne sont pas les ongles qui continuent de pousser après la mort, mais les chairs desséchées qui se rétractent, donnant cette impression. La stupeur causée par les épidémies foudroyantes joue aussi un rôle: après la peste et la rage, un mal mystérieux conduira encore nombre de médecins américains à «exorciser des vampires» jusqu'en plein XIXe siècle[18]. À cette époque apparaissent outre-Atlantique des malades amaigris aux joues creuses, dont l'énergie vitale semble avoir été drainée. On parle de «consommation» pour désigner ce fléau qui paraît les ronger de l'intérieur. Une fois la mort venue, les corps sont enterrés la tête en bas ou sur le ventre afin qu'ils ne trouvent plus la sortie de leur caveau... Mais si les prescriptions des médecins américains regorgent d'exorcismes, la tendance s'estompe à la fin du XIXe siècle, Robert Koch ayant identifié le coupable en 1882: le bacille de la tuberculose...

Chaufournier

Tout est dans le nom: le chaufournier est l'artisan qui exploite les fours à chaux. En vertu d'un savoir-faire millénaire, le mortier de chaux cimente, depuis l'Antiquité, les ouvrages massifs de murailles, les temples ou les cathédrales.

Pour le produire, on met à brûler des blocs de calcaire, qui éclatent sous l'effet de la chaleur. Après une cuisson de plusieurs jours (et nuits, soit, en moyenne, entre cent et cent cinquante heures), les pierres sont retirées puis hydratées afin d'obtenir une pâte... Mais, pour en arriver là, le chaufournier doit entretenir un bûcher infernal, dont la température oscille entre 800 et 1 000 °C. Attention à ne pas le laisser s'éteindre : le calcaire serait irrécupérable ! C'est pourquoi l'ouvrier s'installe souvent en lisière de forêt, à la portée d'une source de combustible prestement bûcheronnable.

En plus de cette chaleur accablante, qui occasionne force brûlures, l'artisan s'expose aux rejets de dioxyde de carbone qui irritent les yeux, le nez et la gorge. Les vapeurs toxiques le conduisent parfois au bord de l'évanouissement, à la suffocation ou à la paralysie. Il n'est pas rare de découvrir les corps calcinés de ces malheureux évanouis dans les flammes... Quant à ceux qui survivent, ils en portent les stigmates tout le reste de leur vie – lèvres craquelées, peau burinée, vue basse et reins en compote à force de tracter blocs de calcaire et billes de bois.

Chiffonnier

Assurément, l'Angleterre victorienne fut le terreau des besognes les plus infâmes. Époque insalubre et poisseuse, elle reste à jamais souillée d'images sordides : le fameux *smog* industriel étouffant les métropoles, le tapage quotidien des ouvriers métallurgistes, les cheminées épinglées sur les berges saumâtres de la Tamise, et des friches urbaines à perte de vue, gangrénées par les rats et le choléra. « Un monde misérable, rempli de boue, de lanternes de fiacres, de parapluies, de paires de socques articulés » note Dickens, lugubre[19]. Dans ce décor sinistre (le plus souvent ruisselant de pluie) évoluent Sherlock Holmes et Jack l'Éventreur, mais également une armée de miséreux s'affairant aux tâches les plus avilissantes.

Ils sont nombreux, ces laissés-pour-compte de l'ère industrielle. Attrapeurs de rats couverts de puces, ramoneurs de cheminées, collecteurs d'excréments, marchands ambulants... Certains se font même balayeurs de carrefours (*crossing sweepers*) : lorsqu'une lady traverse la rue, ces misérables la précèdent pour dégager son chemin encombré de crottin de cheval et de poussière. « Une activité qui n'est autre qu'un prétexte à la mendicité » fustige Henry Mayhew[20].

Mais la figure la plus emblématique de cette seconde moitié du XIXe siècle reste le chiffonnier. Cet homme des os et des haillons (*rag and bone man*) – la profession est en effet essentiellement masculine – récupère chez l'habitant ou dans la rue tout ce qui peut nourrir son commerce. Morceaux d'étoffe (revendus en gros à des marchands de papier de chiffon), os (la moelle recyclée en savon, les os en manches de couverts), fers à cheval, clous, boîtes de conserve, éclats de verre, peaux d'animaux, mégots, bouchons, bouts de chandelles... Chargé dans un sac de toile ou une brouette, ce fourbi hétéroclite s'écoule contre quelques piécettes. Un métier guère rémunérateur, certes, mais facile à intégrer dès lors qu'on a quelques notions de recyclage ; près d'un millier de chiffonniers exercent leur activité à Londres au XIXe siècle.

Même constat à Paris, où les biffins ont leurs habitudes sur l'île aux Singes (actuel square René le Gall, dans le 13e arrondissement, à l'époque un îlot encerclé par la Bièvre). Ils débarrassent la population d'une bonne part de ses ordures ménagères, le reste étant ensuite charrié par les tombereaux qui évacuent aussi les boues engorgeant la cité (une pratique qui sera à l'origine du terme «éboueur»). Cependant les chiffonniers, concurrencés par la démocratisation des boîtes à ordures, voient leurs effectifs s'effondrer dans la première moitié du XXe siècle. L'innovation du préfet Eugène Poubelle n'a pourtant pas été acceptée à l'unanimité: «Qu'arrivera-t-il? s'indigne un parlementaire en 1884. Il arrivera que les locataires soient obligés de garder leurs ordures dans la maison; et une telle obligation est vraiment pénible[21].» La gestion des déchets devient la prérogative des ménages et de la municipalité; les biffins sont mis au rebut.

Chirurgien de bord

Penché au-dessus d'une table rouge comme un billot de boucher, le chirurgien de bord manie, impassible, ses scalpels, ses trépans, ses seringues et ses ciseaux. Ses oreilles sont sourdes aux tumultes de l'extérieur: la canonnade, les plaintes, les cris, le fracas des vagues sur la coque, il ne les entend plus. C'est la rançon d'une longue expérience.

Le chirurgien navigant est un homme plein de sang-froid, débrouillard et polyvalent. Son homologue terrestre, établi en confrérie depuis Saint Louis, a longtemps disputé l'exercice de la chirurgie aux barbiers et aux médecins; mais sur un vaisseau de guerre ballotté par les flots, il est pour ainsi dire le seul maître à bord. C'est lui qui cautérise les plaies au fer rouge, prescrit les sirops, fabrique les onguents et, surtout, qui ampute dans le feu de l'action: «Mieux vaut perdre le membre que l'homme». Lorsque le combat ébranle le vaisseau, que sa cambuse est prise d'assaut par les blessés, il doit réagir promptement. «Des bouts de bras et de jambes coupés sont aux pieds du fauteuil et de la table en bois où les chirurgiens, à demi-nus et couverts de sang, opèrent sans discontinuer au milieu des cris et des gémissements», décrit un de leurs aides. La pièce est tapissée de pansements souillés ; quant aux cadavres, on les balancera par-dessus bord. On fait distribuer du rhum pour atténuer les douleurs. À une exception près, au moins – le pont de *La Vaillante*, où officie le chirurgien Clémot : «Empêcher la douleur prend du temps et est coûteux en alcool, c'est pourquoi, pendant le combat, on préfère mettre un morceau de cuir ou de bois entre les dents pour empêcher le blessé de se mordre la langue sous la douleur [...]. Je n'aime pas un blessé un peu endormi. Il ne se défend plus. Ce n'est plus de la chirurgie[22]. »

Ces tableaux d'apocalypse ne sont qu'une portion du quotidien à bord, synonyme de blessures, de panaris, d'écorchures, de fièvres, d'épidémies propagées par la vermine, de privations, de dents gâtées, de coups de soleil, de coliques. Sans oublier les maladies vénériennes, qui surgissent quelques jours après une escale... Le chirurgien navigant est soumis aux mêmes périls. Il doit donc jongler avec les remèdes et plonger une main experte dans le coffre à pharmacie. On l'imagine soumis aux plus rigoureuses conditions de formation : ce n'est pas le cas en France avant une ordonnance de 1689 ! À partir de 1720, on assiste à la fondation d'écoles spécialisées qui enseignent la physiologie, la botanique, la chirurgie, l'anatomie, l'apothicairerie. Les ports de Rochefort, Brest ou Toulon fournissent d'éminents spécialistes. Époque de la raison et de la curiosité scientifique, le XVIIIe siècle achève la mue du chirurgien, devenu naturaliste, consignant dans ses carnets la description de la faune et de la flore exotiques. C'est un soulagement, sans doute, que de s'intéresser un peu au vivant après avoir tant côtoyé la mort.

Claque

Quand il ne s'agit pas d'une gifle, la claque est une cohorte bruyante de spectateurs chargée d'applaudir à tout rompre. L'ovation sur commande a sa place dans les audiences des politiciens, et ce, dès l'Antiquité. Néron, empereur romain du Ier siècle, jouait sous les louanges nourries – et très certainement hypocrites – de ses propres soldats.

C'est néanmoins dans les troupes de théâtre du XVIIIe siècle que la pratique se démocratise. Inquiets de faire un four devant un parterre clairsemé, metteurs en scène ou acteurs débutants offrent des billets gratuits aux claqueurs (ou battoirs) chargés d'entraîner, par leurs applaudissements nourris, l'ensemble de l'auditoire. Bien entendu, la manœuvre ne marche pas à tous les coups, et certains spectateurs excédés s'en indignent... Balzac dénonce «la puante escouade des claqueurs [...] qui, le matin, vend des chaînes de sûreté, des bijoux en or pour 25 sous, et qui claque sous les lustres le soir, qui se plie enfin à toutes les fangeuses nécessités de Paris[23]». On imagine qu'il ne s'agit pas d'une profession à plein temps, mais bien d'un complément de revenu, voire, tout simplement, d'un moyen commode de se divertir sans bourse délier. D'ailleurs, on en retrouve également en Italie (*loggionisti*) et dans les audiences de Londres ou de New York...

Au XIXe siècle, la pratique se diversifie: aux claqueurs s'ajoutent les pleureurs, qui tirent leurs mouchoirs afin d'accabler de tristesse les spectateurs, et les chatouilleurs, éclatant d'un rire communicatif. On recense également des bisseurs, en charge de rappels enthousiastes. C'est à se demander s'il reste de la place pour les spectateurs payants ! Et l'on assiste parfois à des rixes impromptues lorsque les claqueurs, payés pour acclamer, se mesurent à ceux qui ont été recrutés pour huer... La pratique de la claque prend alors un sens tout autre !

Collecteur d'urine

« L'argent n'a pas d'odeur. » C'est par cette formule lapidaire que l'empereur Vespasien, au Ier siècle de notre ère, aurait justifié de renflouer les caisses de l'Empire par une taxe sur l'urine (*vectigal urinae*). Dans la Rome antique, le liquide jaunâtre est fort convoité par les teinturiers, qui y baignent leurs linges afin de leur donner un éclat incomparable. Riche en ammoniaque, l'urine est synonyme de blancheur et alors couramment employée en bain de bouche. Pris à partie par son fils Titus qui jugeait cette taxe avilissante, Vespasien, nous dit Suétone, « lui mit sous le nez le premier argent qu'il perçut de cet impôt, et lui demanda s'il sentait mauvais[24] ». En plus du proverbe, le Romain a légué à la postérité les urinoirs publics, que l'on nommera en son honneur « vespasiennes ».

On fronce d'ores et déjà les narines en imaginant les cuves chaudes que devaient transporter chaque jour des centaines de travailleurs afin d'approvisionner en matières premières les teinturiers de la ville. Des jarres en terre cuite réservées à cet effet étaient installées dans les lieux fréquentés, près des thermes et des tavernes, aux coins des rues. Bourdonnant de mouches, dégageant des vapeurs irrespirables les jours de grand soleil, ces récipients fragiles étaient parfois renversés : dans ses *Epigrammes*, Martial se plaint de l'odeur d'une personne qui « sent plus mauvais que le vieux pot d'un foulon avare qu'on a brisé dans la rue », signe que ce genre d'incident était commun à l'époque[25].

Aussi surprenant que cela puisse paraître, les collecteurs d'urine survivront à la chute de l'Empire romain. Du côté de

Winchester, en Angleterre, un ouvrier du textile particulièrement créatif fait construire des toilettes publiques dont il pille régulièrement le contenu nauséabond à des fins industrielles. Le liquide fait également fureur dans les cercles médicaux, en témoigne l'ouvrage en sept volumes du médecin byzantin Joannes Actuarius, *Sur les urines*, publié au XIVe siècle. Une tendance qui se maintiendra plusieurs siècles : dans ses lettres, Madame de Sévigné décrit les vertus d'un baume « de gouttes d'essence d'urine mêlées » qui, dit-elle, fait des miracles contre les rhumatismes[26]. Plus tard, à la fin du XVIIIe siècle, écœuré par l'odeur des rues de Paris, le lieutenant de police Sartine déploiera des « barils d'aisance » pour permettre aux passants de se soulager. Une aubaine pour certains entrepreneurs qui en font payer l'entrée, d'autant qu'il « n'en coûte que dix centimes par séance et [que] le papier est donné gratis[27] ». Que ce soit pour ses vertus thérapeutiques ou pour ses applications industrielles (détachant, teintures, fertilisant, poudre à canon), « l'or liquide » continuera de faire recette bien au-delà de l'Antiquité.

Corbeau

« Les corbeaux volent là où est la charogne. » Ce proverbe flamand vaut pour deux sortes de corbeaux : le volatile, qui picore les dépouilles et survole les champs semés de cadavres, et... l'individu non moins sinistre qui, au Moyen Âge, officie en tant que médecin de peste. Coiffé d'un chapeau à bords plats, affublé de gants, de bottes et d'un grand manteau noir, ce dernier doit son surnom à l'élément le plus lugubre de son accoutrement : un masque métallique en forme de bec d'oiseau (attesté seulement à partir du XVIIe siècle en Europe). Cette excroissance renferme diverses substances aromatiques – lavande, épices, camphre – afin d'éloigner la maladie qui, dit-on, se transmet par les mauvaises odeurs.

Ce médecin hérite d'une tâche bien difficile : soigner des pestiférés fiévreux, délirants, et hautement contagieux. Ces derniers rendent habituellement l'âme en quelques heures. « La mort était subite, écrit Grégoire de Tours dès le VIe siècle ; il naissait dans l'aine ou dans l'aisselle une plaie semblable à la morsure d'un serpent, et ce venin agissait tellement sur les hommes qu'ils rendaient l'esprit le lendemain ou le troisième jour[28] ». Les traitements les plus recommandés ? L'incision des bubons, les saignées, des potions d'aloès ou de myrrhe, et bien sûr une double dose de messes et de prières aux saints guérisseurs. Incapables de retracer les origines de cette mystérieuse pestilence, les savants blâment l'action des corps célestes : « Les conjonctions d'astres errants peuvent engendrer un air malsain » professent les docteurs de la Sorbonne[29].

En Asie, les voyageurs sillonnant la Route de la Soie contaminent la plupart des comptoirs marchands, ce qui contribue à répandre l'épidémie. À Caffa, comptoir génois en Crimée assiégé par les Tatars en 1345, les hordes du sultan Djanibeg catapultent des cadavres de pestiférés par-dessus les remparts pour empoisonner la cité. Cette manœuvre contribue à pousser les souches de la peste jusque dans les cales de navires italiens, qui la rapportent en Méditerranée. La Peste noire vient d'entrer en Europe. Elle y fera plus de cent millions de victimes en l'espace de quatre années, dont 40 % de la population française. Face à une contagion aussi spectaculaire, les médecins traditionnels – apothicaires et chirurgiens – évacuent rapidement les cités contaminées. Ils risquent eux aussi de contracter l'épidémie, et préfèrent, comme la majorité de la population, prendre la fuite ! Restent les corbeaux, médecins improvisés prescrivant des remèdes pour le moins originaux : poudre d'émeraude, vitriol, bézoard, genièvre, armoise, romarin, vinaigre, venin de scorpion ou de crapaud. Des solutions très odorantes ou des substances venimeuses, puisque l'on estime à l'époque que « le pareil attire le même » et que la meilleure option est de soigner le mal par le mal. Mais les décès se multiplient, et les cimetières, bondés, ne peuvent accueillir chrétiennement toutes les victimes...

Entre alors en scène une seconde sorte de corbeau médiéval. Car ce dernier n'est pas seulement médecin ; c'est également le fossoyeur de peste, qui hérite d'un rôle aussi crucial que son homologue soignant. En effet, les cadavres en décomposition s'amoncellent bientôt dans les rues, offrant un véritable banquet aux insectes nécrophages et propageant l'épidémie. Pour la ralentir, des fosses communes sont creusées à la hâte par des ensevelisseurs. Composée des fossoyeurs habituels de la cité, mais aussi de religieux volontaires ou de bagnards à qui l'on promet la liberté en échange, cette brigade empile les dépouilles « comme des lasagnes » pour reprendre une expression d'époque (peut-être parce que la pandémie infecte d'abord l'Italie ?) et les confine six pieds sous terre. Parfois, ce sont des femmes qui sont réquisitionnées pour cet office : c'est le cas à Dijon en 1558 ou à Londres en 1665. Ces petites mains n'ont souvent que quelques heures devant elles : lorsque la peste frappe Marseille en 1720, on estime qu'un fossoyeur ne peut travailler que quarante-huit heures avant de contracter la maladie à son tour.

On ne s'étonnera pas alors de voir des corbeaux piller les maisons de pestiférés, désertées en masse au pic de l'épidémie. Quatre corbeaux sont ainsi pris sur le fait à Toulouse. Torturés, ils révèlent le secret qui les avait préservés de la contagion : ils s'enduisaient le corps d'un mélange de vinaigre, d'ail et de lavande – une solution odorante mais judicieuse, le vinaigre repoussant les puces charriant la maladie ! Les voleurs sont pendus et la recette du « vinaigre des quatre voleurs » immédiatement popularisée dans les traités prophylactiques. Ces faits divers ne sont pas rares. À Marseille, des témoignages font état de fossoyeurs indélicats qui chargent sur leurs tombereaux des personnes encore vivantes afin de s'épargner un voyage supplémentaire… et bien souvent inéluctable.

En première ligne de la Grande Pestilence, les corbeaux, tout comme les prêtres et les veilleurs de malades, sont les professions les plus meurtries par l'épidémie. « La présente pestilence, dont la contagion se répand en tous lieux, a laissé beaucoup de paroisses vides de prêtres, regrette l'évêque de Bath en 1349. Comme on n'en trouve plus […], de nombreux malades décèdent sans les derniers sacrements. Annoncez à tous que, s'ils sont sur le point de mourir, ils peuvent se confesser les uns aux autres, et même à une femme[30]. » Quant aux corbeaux, ils s'envolent avec la dernière grande épidémie de peste, en 1722.

Coureur de bois

C'est une forme fugitive qui apparaît, çà et là, sous les canopées boréales : couvert de peaux de bêtes, créature hybride à la frontière entre l'homme et l'animal, le coureur de bois est une légende vivante d'Amérique du Nord. Il était là avant les trappeurs, bien avant les prospecteurs d'or et de pétrole qui auront raison de ce paysage de conifères. Perché sur les crêtes des Rocheuses, remontant le Mississippi en canoë, sillonnant les vallées vierges, il s'est petit à petit fondu dans ce paysage rugueux et indomptable.

Le coureur de bois est arrivé avec les premiers colons. La Nouvelle-France, qui correspond au Canada ainsi qu'à certains fragments des États-Unis actuels, est âprement disputée entre Français et Anglais à partir du XVIIe siècle. Certains colons français, impatients de se tailler la part du lion dans le commerce avec les Amérindiens, s'en vont explorer le territoire à l'aveugle. Ce sont de jeunes aventuriers ou d'anciens soldats, qui partent à la rencontre des autochtones les bras chargés de denrées européennes : linges, alcool, armes, munitions, argenterie... Bientôt, ces nomades se spécialisent dans le commerce des fourrures. Ces expéditions ne sont pas sans risque. Elles sont découragées, puis interdites par Colbert, contrôleur général des finances de Louis XIV, qui calcule rapidement le manque à gagner pour la Couronne. À partir des années 1680, le coureur de bois est un hors-la-loi, un vagabond dont on blâme les mœurs décadentes (il lui arrive de s'unir aux Amérindiennes)... Même si, secrètement, on envie sa liberté.

Sur le fleuve, dans les prairies, par temps de grande sécheresse ou dans la neige, la survie du coureur de bois n'est pas assurée. Les prédateurs rôdent : ours bruns, cougars, loups gris... L'aventurier doit cumuler force, agilité et endurance. Il peut pagayer jusqu'à douze heures par jour et, lorsqu'il voyage à pied, porte ses marchandises à l'aide d'un mécapal – un harnais relié au front – sur des centaines de kilomètres. « Le genre de personne qui ne s'inquiétait pas de pagayer 500 ou 600 lieues en canoë, ou de vivre de maïs et de graisse d'ours pendant douze à dix-huit mois, ou de dormir dans une hutte de branches et d'écorce » témoigne un missionnaire jésuite, impressionné[31]. Les moustiques, les infections, les escarmouches iroquoises, la solitude (qui pousse à la boisson) ont parfois raison de ces gaillards.

À partir de 1681, Colbert instaure les congés de traite, des permis venant réglementer l'activité des entrepreneurs en fourrure : les pelleteries sont désormais l'affaire de compagnies dédiées, employant des «voyageurs» qui supplantent peu à peu les coureurs de bois. La demande de fourrure chute : en Europe, c'est la soie, désormais, qui est à la mode... Que reste-t-il de ces pionniers, premiers compagnons des autochtones ? Dans les légendes canadiennes, on dit qu'ils continuent de parcourir bois et forêts, comme une rumeur sauvage.

Crieur des morts

On le connaît sous plusieurs noms : campanier, clocheteur des trépassés, sonneur des morts... Sa spécialité ? La rubrique nécrologique. Parfois précédé par un roulement de tambour, c'est lui qui annonce à la populace les noms des défunts et l'heure de leurs funérailles[32].

Recensés en France depuis l'aube du XIIIe siècle, les crieurs participent au cortège funéraire, agitant une ou plusieurs clochettes pour attirer l'attention des badauds et solliciter leurs prières. Leurs tintements ne servent pas uniquement à percer le vacarme des places publiques : ils ont également une fonction symbolique, prélude au glas des cérémonies funéraires, éloignant les esprits malfaisants. Le nombre de coups de cloche varie : souvent, il y en a autant que le disparu a vécu d'années. Lorsque la «sonnerie de l'agonie» retentit, les plus pieux s'agenouillent sur le seuil de leur maison. À l'époque, la mort est profondément ancrée dans la superstition, et ces clocheteurs sont une tradition parmi mille autres : on couvre les ruches d'un drap noir, on voile les miroirs, il arrive même – plus tardivement – que l'on retire une tuile du toit pour que l'âme du trépassé puisse aisément gagner le Ciel.

Embauchés par la famille du défunt, les sonneurs orchestrent la dernière cérémonie. Ils témoignent également de la condition sociale du trépassé : si huit crieurs arpentent la capitale après la mort du prince Jean du Berry, fils du roi Jean II, en 1416, ils sont 24 « tous vêtus de robes et chaperons de deuil » à annoncer la mort du roi Charles VII un demi-siècle plus tard[33].

La rémunération est variable : une poignée de deniers, un objet ayant appartenu au défunt (ainsi une paire de souliers usés donnée au crieur d'Orange au XIIIe siècle), voire un salaire fixe si le crieur est attaché à des fonctions permanentes. À Paris, en effet, les crieurs sont organisés en confrérie depuis Philippe Auguste (XIIIe siècle), et utilisent leur voix puissante à bien des égards. Placés sous la responsabilité du Prévôt des Marchands, « les crieurs de vin et de corps » assurent la publicité des tavernes locales et proposent des échantillons aux badauds. D'autres annoncent les fêtes à venir, le prix des denrées agricoles, les édits royaux ou les cas d'enfants perdus. Le tout dans une joyeuse cacophonie.

Cette curieuse profession n'a pas été affectée par l'infamie qui souille d'autres fonctions macabres. Au contraire, tout porte à croire que le rituel funéraire médiéval était codifié comme une célébration bruyante, noyée dans les gémissements des pleureuses et le son des cloches, où le crieur jouait un rôle prépondérant. Une anecdote rapporte comment les Marseillais, décimés par la peste en 1720, se ragaillardissent en entendant défiler un corbillard à clochettes dans la cité. En effet, les milliers de pestiférés enterrés à la hâte n'ont pas eu cet honneur : voir passer un cortège funèbre en plein jour signifie donc que le fléau s'apaise !

À partir du XVe siècle, la démocratisation de l'imprimerie popularise l'usage d'affichettes nécrologiques. De manifestation publique proclamée tout haut, les obsèques deviennent peu à peu un moment de discrétion et d'intimité. Distribués en place publique ou sur le parvis de l'église, les billets d'enterrement deviennent monnaie courante au XVIIe siècle : ce sont les ancêtres de nos faire-parts. La presse reprendra le flambeau au siècle suivant.

D

Décrotteur

À l'entrée du théâtre, le crottin de cheval s'amoncelle à mesure que les fiacres déchargent leurs passagers pour la soirée. Les acteurs se réjouissent : la salle sera comble ! C'est en espérant un tel afflux de spectateurs qu'ils se souhaitent « merde » dès la fin du XIXe siècle…

Ils ne sont pas les seuls à se réjouir de cette avalanche d'excréments, auxquels contribuent massivement les chiens errants. Armé d'une brosse à poils durs et d'un polissoir, le décrotteur propose aux riverains de lustrer leurs souliers pour quelques francs. « Le brillant va-t'en ville et décrotte joliment » peut-on lire sur l'enseigne d'un de ces gagne-deniers, à Paris. Complice des rendez-vous galants, le décrotteur distillera aussi quelques conseils amoureux pour espérer un meilleur pourboire…

En 1859, de passage en Espagne, Théophile Gautier aperçoit l'écriteau d'un décrotteur espagnol : « Ici on cire les bottes à l'instar (*al estilo*) de Paris[1]. » Jusqu'aux grandes rénovations urbaines de la seconde moitié du XIXe siècle, la petite affaire du décrotteur se révélera rentable.

Draveur

La tradition du flottage, qui utilise les cours d'eau pour le transport du bois abattu, se pratique dès le Moyen Âge. Mais c'est outre-Atlantique, au début du XIXe siècle, qu'elle connaît son âge d'or. Très populaire en Amérique du Nord, elle emploie des centaines de draveurs. Ceux-ci bûcheronnent tout l'hiver, tandis que les rivières sont gelées, et attendent la débâcle printanière pour jeter à l'eau le profit de leur collecte. C'est ici que la partie difficile de leur métier commence : il leur faut acheminer le bois jusqu'à sa destination, généralement un moulin à papier situé en aval... En équilibre sur les troncs d'arbre flottants, chaussé de semelles cloutées, le draveur doit diriger cette embarcation précaire le long des cours d'eau. Si le courant s'accélère ou que le passage est obstrué, il faut improviser, faute de quoi l'on meurt écrasé par ses billots...

Cousins des draveurs, les cageurs canadiens ne campent pas, comme ces derniers, sous des tentes plantées au bord des cours d'eau : ils assemblent des centaines de troncs pour former un train de bois qui s'étend parfois sur plus d'un kilomètre. Actionné à la force des rames, ce navire de fortune est équipé de dortoirs et d'une cambuse pouvant loger 30 à 60 ouvriers. L'ensemble est plus stable, mais qu'on le laisse prendre un peu de vitesse dans les rapides, et les wagons de bois deviennent train d'enfer... D'ailleurs, passant le plus clair de son temps les pieds dans l'eau, le flotteur est sujet à l'hypothermie, aux orteils gelés et aux infections diverses. On ne compte plus les noyades et les accidents qui endeuillent la profession. Comme autant de marins rentrant au port, tous ces travailleurs d'hiver, «dont la force musculaire, l'endurance, l'insensibilité du foie et de l'estomac sont les principales ressources naturelles» retrouvent leur famille au printemps, avec dans le regard une fierté non dissimulée[2]. Et quantité d'histoires à raconter.

E

Écuyer

Si cette occupation d'origine féodale est mâtinée de romantisme, c'est sans doute parce que le prestige de la chevalerie rejaillit sur l'écuyer, en vertu du vieux dicton « qui aime le chevalier aime l'écuyer ». Pour autant, gloire et honneurs sont loin de constituer le quotidien de l'écuyer en formation… Entré à la charge d'un chevalier à l'âge de 14 ans, il lui a généralement servi de page les sept années précédentes, apprenant l'étiquette de la chevalerie, les bonnes manières, l'entretien de l'écurie et le maniement des armes. Il sait déjà monter à cheval : « Qui sans monter à cheval est, jusqu'à 12 ans, resté à l'école, n'est plus bon qu'à faire un clerc » écrit Philippe de Novare[1].

La formation d'écuyer implique de nouvelles responsabilités, notamment militaires. Gare à celui qui ne se montrerait pas assez vif à l'orée du champ de bataille ! Avant un assaut, l'écuyer selle le destrier du chevalier, lustre ses armes, porte son écu (d'où le mot «écuyer»). Il aide son maître à revêtir son armure, qui peut peser jusqu'à 30 kilos et se composer de dizaines de pièces différentes: gantelets, heaume, bassinet, gorgerette, braies d'acier... Il faut imaginer l'ébullition qui saisit les belligérants à l'aube de la bataille: «De tous côtés, on voyait saisir les armures, revernir les heaumes et les chapeaux de fer, décrit le trouvère Ambroise au XIIe siècle; les écuyers fourbissaient les belles épées et roulaient les hauberts; les chevaliers et les sergents prenaient déjà des poses de combat pour frapper sur les ennemis[2].»

Le rôle de l'écuyer ne s'arrête pas au son du tocsin. Comme ses homologues, il patiente à l'écart du champ de bataille, aux côtés des palefreniers et des commandants, pour servir de «point de ravitaillement» au chevalier - changer ses armes brisées, réajuster son armure, lui donner à boire, soigner une vilaine plaie... Parfois, cela requiert de tirer un seigneur blessé de la mêlée humaine. Voire de récupérer son cadavre afin de lui offrir de décentes funérailles. Si son maître survit, en revanche, l'écuyer a une tâche plus ardue encore: il doit récurer des heures durant l'armure, le heaume, les armes et la cotte de mailles de son maître, maculés de sang séché et souvent d'excréments (le gentilhomme n'ayant pas le loisir de s'absenter du combat pour soulager une envie pressante). Dans ce but, les effets du chevalier sont glissés dans un tonneau rempli de sable, parfois mêlé de vinaigre et d'urine, que l'écuyer fait rouler afin de mettre en contact la surface abrasive et l'acier.

Il arrive que l'écuyer lui-même prenne les armes. On oublie souvent que «l'arrière» du combat est une zone presque aussi dangereuse que la ligne de front. Il y a là une belle provision d'armes, de chevaux et parfois un trésor royal à rançonner. Les escarmouches ne sont pas rares : en 1189, durant la Troisième Croisade (pour reprendre Jérusalem, prise par Saladin deux ans plus tôt), une bande d'écuyers se fait surprendre par une embuscade, en allant chercher du fourrage pour les chevaux. « Au moment où ils s'y attendaient le moins, voilà quatre escadrons de Sarrasins qui tombent sur eux bride abattue. Ils étaient bien 400, tous à cheval, bien armés » raconte Ambroise[3]. C'est l'occasion, pour certains pages, de marquer les esprits par leur bravoure. C'est aussi la fin de jeunes carrières prometteuses... Jean de Luxembourg, roi de Bohême, se fait accompagner par quatre écuyers lors d'un assaut désespéré contre les Anglais à Crécy (1346). Or, comme il a perdu la vue à la suite d'une délicate opération des yeux, ses serviteurs, censés le guider sur le champ de bataille et lui indiquer où frapper, sont les premières victimes des moulinets aveugles de son épée...

En dehors du « champ bellique », l'écuyer endosse un rôle de domestique : il sert son maître à table, découpe les viandes (on parle alors d'écuyer tranchant), verse le vin, porte son étendard. C'est aussi le complice des galanteries de son maître, allant quérir et rapporter moult missives courtoises : « Pour l'amour du chevalier baise la dame l'écuyer » ironise Geoffroy de Paris au début du XIVe siècle[4]. En sus, il nettoie l'écurie, prend soin des bêtes, et déploie ses multiples talents pour divertir son maître avec une composition musicale ou une partie de dés.

Quelle récompense pour tous ces efforts ? L'apprentissage de l'écuyer doit lui permettre d'accéder à son tour au rang de chevalier, se libérant ainsi de sa condition de serviteur ; mais c'est une promesse de plus en plus vaine pour les jeunes damoiseaux qui, à partir du XIVe siècle, voient l'accès à cette caste supérieure se fermer. Les coûts d'entrée sont mirobolants. Au-delà du simple apprentissage de la chevalerie, il faut être en mesure de s'acheter une armure, un cheval, un domaine, de monnayer le rituel d'adoubement (que les nobles réservent à leur fils aîné à partir du XIIIe siècle) et d'entretenir à son tour quelques domestiques. « L'écuyer sans armes et sans la richesse nécessaire pour maintenir la chevalerie ne doit pas devenir chevalier, confirme Ramon Lulle au début du XIVe siècle. Élection, cheval, armes et seigneurie ne suffisent encore au grand honneur propre au chevalier. Il convient qu'on lui donne aussi un écuyer et un palefrenier qui le servent et qui prennent soin des bêtes. Il convient également que le peuple laboure, bêche et peine pour que la terre produise les fruits dont se nourrissent le chevalier et ses bêtes, et que le chevalier chevauche, exerce sa seigneurie et tire du bonheur de ces choses pour lesquelles les hommes tirent peine et malheur. [...] Le métier de chevalier exige de posséder château et cheval pour garder les chemins et défendre les paysans. Il exige d'avoir villes et cités pour maintenir la droiture du peuple[5]. »

À partir du XVe siècle, la chevalerie cesse d'être une caste exclusivement militaire, fondée sur l'honneur ; bien loin de l'esprit d'aventure arthurien, elle matérialise avant tout la richesse financière, muant peu à peu en statut social synonyme de prestige et de vanité. Les vieux démons du royaume de France reprennent les chevaliers, dont la suffisance éteint parfois la vigilance : les déroutes de Crécy, Poitiers et Azincourt symbolisent la victoire de la « canaille aux pieds nus », ces archers gallois ou anglais regardés avec condescendance, face à la fine fleur de la chevalerie française. L'écuyer n'a plus nulle part où faire carrière. Perdu dans l'obscurité des temps, un proverbe sert de leçon à cette histoire : « Le bon écuyer fait le bon chevalier ».

Enfant perdu

«On en était venu à ce point de mépris pour la vie des hommes et pour la France d'appeler les conscrits la matière première et la chair à canon[6].» La description peu flatteuse de Chateaubriand révèle une stratégie militaire qui, du XVIe au XIXe siècle, va décider l'issue de bien des combats; déployer une division légère sur le front pour essuyer les balles et s'empaler sur les lances ennemies. L'art de la guerre se perfectionnant, la bataille devient un simple calcul coûts-avantages, une partie d'échecs. Ce bataillon qu'on envoie à l'abattoir, c'est celui des enfants perdus.

Qui sont-ils? Avant d'être des soldats réguliers, ce sont au XVe siècle des mercenaires qui forment les premières lignes des armées des Habsbourg. D'origine teutonne, ces «troupes perdues» (du hollandais *Verlorene Hoop*) se défendent vaillamment à l'arquebuse ou à l'épée à deux mains pour s'ouvrir un passage dans les armées ennemies. On les retrouve notamment à la solde de François Ier à Marignan (1515) et à Pavie (1525). Lors d'un siège, c'est aussi la vague qu'on envoie à l'assaut d'une brèche; essuyant la première salve du feu ennemi, ils sont bien peu à s'en relever. Le début du XVIe coïncide en effet avec l'introduction du mousquet, qui se charge par la gueule, goinfré d'une poignée de poudre noire.

Qu'ont-ils à y gagner? D'abord une double solde: c'est pourquoi on les surnomme aussi *Doppelsöldner*. Mais également des perspectives d'avancement qui siéent aux jeunes capitaines ambitieux. D'autres, enfin, rejoignent les enfants perdus bien malgré eux, enrôlés par l'entremise de la boisson ou de femmes peu farouches au service des recruteurs... Ces risque-tout se distinguent néanmoins par leur courage: composée de «chevaliers pillards et incendiaires», une escouade du maréchal Charles Ier de Brissac fait parler d'elle vers 1540. On lui prête de nombreuses bravades: «Elle formait [...] une légion de soldats intrépides et d'enfants perdus, toujours prêts à franchir les palissades, à sauter les premiers dans un retranchement, à sonder les fossés, les gués ou les marais, à éventer une mine, à enlever une batterie, se jouant des dangers et de la mort, et sacrifiant tout au courage[7].» Des bataillons audacieux, et sacrifiés: l'expression anglaise *forlorn hope*, calquée sur *Verlorene Hoop*, désigne «une entreprise offrant peu de chances de succès[8]». La sémantique en dit parfois bien plus sur l'histoire que tous les manuels militaires...

Ermite de jardin

Des nains en plâtre aux fontaines d'apparat, en passant par les lions altiers qui encadrent l'entrée d'un domaine, chacun a sa propre vision de la décoration d'extérieur. Tous les goûts sont, après tout, dans la nature, et ceci est particulièrement vrai dans le jardin. À la fin du XVIIIe siècle, la mode des extérieurs pompeux et des parterres ciselés est passée; la tendance est aux jardins pittoresques, lieux de retraite dépouillés, propices, loin de l'agitation du monde, à la méditation et au repli sur soi. Un décor d'aspect rustique, qui abrite des cabanes, des bancs couverts de mousse, des grottes habilement dissimulées, et qui prétend rendre à la nature ses friches.

C'est dans l'Angleterre georgienne que naît cette lubie pastorale, au même titre que d'autres «folies» d'aménagement: pyramides, ponts de pierre enjambant les ruisseaux, cascades factices, temples à l'antique élisent domicile dans des demeures isolées, en lisière de forêt ou dans l'intimité d'un vallon. L'époque romantique insuffle un renouveau, loin des jardins millimétrés qui ont fait les beaux jours de Le Nôtre et de ses émules. On recherche des paysages (faussement) naïfs et sauvages, ressemblant trait pour trait à ceux bientôt imaginés par les peintres anglais Turner et Constable.

Les maisons de maître sont aussitôt colonisées par les naïades, les nymphes et les muses de tout acabit. Pour compléter ce panthéon, rien de tel qu'un ermite, figure méditative par excellence ! Prince des sauvageons, philosophe en friche, ce hère est recruté pour habiter les jardins pittoresques, ajoutant la touche finale à cet apparent dénuement. Jacques Delille conseille en 1782 : « À vos palais pompeux, opposez leurs cabanes ; peuplés par eux, vos bois ne seront plus profanes, et leur touchant aspect consacrera ces lieux[9]. » Mais en quoi, précisément, consiste cette fonction baroque d'ermite d'ornement ?

L'heureux « propriétaire » d'un ermite lui recommandera d'abord de se laisser pousser la barbe, les cheveux, les ongles, et de s'autoriser quelques libertés quant à son hygiène corporelle… L'esthétique est celle du druide ou du philosophe antique. Libre ensuite à tous ces Diogène en herbe de déambuler comme bon leur semble : l'hôte des lieux n'attend pas d'eux l'accomplissement de tâches domestiques. Leur simple présence suffit à authentifier le décor et à ravir les invités de marque, qu'ils divertissent parfois d'un brin de poésie (certains doivent apprendre par cœur des locutions latines). Dans une petite annonce signée Charles Hamilton, un aristocrate irlandais installé dans la banlieue de Londres, il est précisé qu'il sera fourni à l'ermite « une Bible, des lunettes de vue, un matelas, un coussin, un sablier, de l'eau et de la nourriture »…

On peut imaginer que de nombreux quidams sans le sou ont sauté sur l'occasion. « Jeune homme, souhaitant se retirer du monde et vivre en ermite dans un endroit convenable en Angleterre, est prêt à s'engager avec tout gentilhomme qui serait désireux d'en avoir un» mentionne une petite annonce publiée début 1810 dans le *London Courier*[10]. En vérité, les gazettes ne croulent pas sous les demandes. Car cet engagement implique une forme de servitude, l'ermite n'ayant pas le droit de quitter le domaine : pour toucher la mise que son patron lui promet, il doit rester un long moment dans sa forteresse de ronces. Le même Charles Hamilton offre une petite fortune (700 livres) à quiconque s'engage à vivre sept ans dans son parc de Painshill, aux conditions suivantes : « [L'ermite] devra porter une robe de camelot et jamais, quelles qu'en soient les circonstances, il ne devra se couper les cheveux, la barbe, les ongles, s'aventurer au-delà du domaine de M. Hamilton ou échanger le moindre mot avec un domestique[11]. » Ce retrait volontaire du monde est parfois difficile à assumer : le premier candidat engagé par Hamilton est surpris au pub après trois semaines de service…

Acteurs inattendus d'un véritable phénomène de mode, les ermites d'ornement commencent à retourner à la vie civile vers 1850. Mais s'ils ne font plus partie du paysage, leurs huttes, elles, perdurent encore dans les parcs anglais, écossais, irlandais, français et même américains. Nombre d'ermitages entretiennent ainsi la mémoire de ces malheureux reclus payés pour paraître libres et insouciants.

Exécuteur

Il n'a pas fallu attendre le Moyen Âge pour mettre à mort. L'Antiquité regorge de sévices aussi cruels qu'inventifs : piétinement par éléphant, écartèlement, crucifixion, noyade, confrontation avec des animaux venimeux (ou affamés). Quelques siècles plus tard, les Coutumes féodales – juridictions propres à chaque localité – établissent les châtiments d'usage en fonction du délit commis. À chaque crime sa peine : les voleurs récidivistes sont pendus, les faux-monnayeurs bouillis, les nobles décapités, les sorcières brûlées vives ou enterrées vivantes... L'influence de l'Église et de monarques bienveillants – comme Saint Louis – limite l'usage de la peine de mort, du moins pour un temps. Aux XIIIe et XIVe siècles, le bourreau est encore une figure anonyme, et c'est véritablement à la fin du Moyen Âge qu'il tombe le masque en tant qu'exécuteur de la haute justice et seul titulaire de cette responsabilité. D'ailleurs, contrairement aux représentations contemporaines, le bourreau n'officiait pas masqué, sauf en de rares occasions où il remplaçait la personne titulaire du poste. La pratique de la « décollation » (durant laquelle la tête du condamné est tranchée) ou de la pendaison exigeait une dextérité que la capuche ne pouvait que troubler.

L'appellation « bourreau » cohabite, dans le français du XIVe siècle, avec celles de *bourriau* et de *bourrel*, toutes trois inspirées du verbe *bourrer* qui signifiait « maltraiter, tourmenter ». Dans la France médiévale, l'exécuteur n'a pas bonne presse, ses fonctions étant souillées par le tabou du sang. Rejeté par sa communauté, il loge en marge des villes, souvent dans des masures humides aménagées au pied des fossés, quartiers des prostituées et des lépreux. « La mort n'a pas d'amis » rappelle un proverbe de l'époque... Et le bourreau n'est-il pas la mort incarnée ? À l'étranger, cependant, les bourreaux ne s'attirent pas la même ignominie. Les exécuteurs de Londres sont souvent choisis parmi les condamnés à mort. On leur offre la rédemption en même temps qu'une échappatoire au gibet. Frantz Schmidt, bourreau de Nuremberg à la fin du XVIe siècle, est une figure publique de premier plan qui jouit d'un certain prestige. Il n'y a véritablement qu'en France que le bourreau a ce statut de paria, qui s'illustre aujourd'hui encore dans nos bonnes manières.

Un superstitieux vous a peut-être déjà houspillé pour avoir retourné le pain qui trônait sur la table ; signe de mauvaise fortune, ce geste descend tout droit d'une coutume médiévale. Les jours d'exécution publique, le boulanger réservait un pain pour le bourreau en le plaçant à l'envers sur son étal. Et le reste des clients redoutait ne serait-ce que d'effleurer la miche maudite.

Cette marginalisation se traduit, en France, par le port de vêtements distincts, un isolement social complet mais également quelques privilèges : « l'exécuteur des hautes œuvres » possède notamment le droit de havage, c'est-à-dire celui de prendre gratuitement sur les étals des marchands autant de denrées que sa main peut contenir. Pour arrondir ses fins de mois, il revend aussi quelques cadavres aux facultés de médecine, en pleine effervescence anatomiste à partir du XVIe siècle. Les exécuteurs anglais brocantent quant à eux des morceaux de corde de pendu, censés garantir contre la mauvaise fortune. Maigre consolation, toutefois, à l'exécution d'un métier qui jette l'opprobre sur toute sa famille : car les enfants du bourreau, refusés dans les écoles, sont souvent prédisposés à hériter de la hache. Il n'est pas rare de les voir, dès leur plus jeune âge, fréquenter les estrades d'exécution – parfois à leurs risques et périls : en 1792, voulant brandir la tête d'un faux-monnayeur devant le peuple, Gabriel, le cadet de Charles-Henri Sanson (âgé de 23 ans) trébuche et se fend le crâne au bas de l'échafaud. Par ailleurs, les bourreaux se marient souvent entre eux, engendrant de véritables dynasties. Non pas que les femmes exécutrices soient très répandues au Moyen Âge (il est fait état d'une bourrelle sous Saint-Louis) ; mais les sœurs, nièces et cousines de bourreaux en épousent souvent d'autres à leur tour. Un fait divers de 1675 révèle que le passage de témoin est parfois compliqué : « L'exécuteur des hautes œuvres ayant forcé son gendre, nouvellement marié, à porter un coup de barre au patient, ledit gendre tomba en pâmoison et fut couvert de huées par la foule. » De ces dynasties liées par le sang, quelques noms hantent encore la galerie ténébreuse de l'histoire : Sanson, Deibler, Jouënne – des patronymes qui ont régné sans discontinuer sur l'échafaud de l'Ancien Régime.

À la fin du XVIIIe siècle, une sinistre machine facilite le travail du bourreau : la guillotine, dont la confection est en partie supervisée par l'exécuteur de Paris, Charles-Henri Sanson. Le 6 octobre 1791, l'ordre de l'Assemblée nationale passe comme un frisson : « Tout condamné aura la tête tranchée[12] ». Cela part d'un bon sentiment : la décapitation à la hache peut prendre plusieurs minutes si l'exécuteur n'est pas assez adroit. Sanson fera tomber plus de 3 000 têtes dans les paniers de la Terreur... Mais des voix s'élèvent déjà contre la peine de mort. Cesare Beccaria, philosophe italien des Lumières, a préparé le terrain dans *Des délits et des peines* (1764) : « Si je démontre que la mort n'est ni utile, ni nécessaire, j'aurai gagné la cause de l'humanité[13]. » Cette noble cause devra mûrir encore un peu : en Europe, il faudra attendre le XXe siècle pour que soit signé l'arrêt de mort de la profession.

F

Fabricante d'allumettes

L'allumette ne date pas d'hier : les historiens font remonter ses origines au Xᵉ siècle, en Chine, où on la surnomme « l'esclave porte-lumière » (*yin kuang nu*). Vendu sur les marchés, ce « bâtonnet à feu d'un pouce » étonne Marco Polo, mais ne connaîtra sa gloire européenne que dans le brasier de l'industrialisation. Il faut en effet attendre le XIXᵉ siècle pour que l'allumette soit produite par millions. Le procédé de fabrication est simple et peu coûteux : des bâtonnets de pin ou de peuplier, dont on a plongé la tête dans un mélange de glu, de chlorate de potasse et de phosphore… mais il n'est pas sans danger ! Le dernier ingrédient dégage en effet des exhalaisons très nocives et, dans de grandes usines mal ventilées, les travailleurs en payent le prix fort. À partir des années 1830, les ouvriers et les ouvrières de l'industrie souffrent d'une maladie effroyable : leurs mâchoires se nécrosent, leurs gencives enflent, leurs dents tombent, laissant apparaître des visages creux et affreusement tuméfiés.

En l'espace de quelques années passées à respirer ces effluves toxiques, les fabricantes d'allumettes – ce sont surtout des femmes, mais nombre d'enfants y sont employés également – outre qu'elles se retrouvent défigurées, sont accablées de migraines et de maux d'estomac. Certaines succombent même à cet empoisonnement quotidien au phosphore. En 1892, une certaine Mrs Fleet, après cinq ans de bons et loyaux services chez un grand industriel de l'allumette, se plaint de douleurs à la mâchoire. «C'est comme si quelqu'un éraflait les os de ma joue», gémit-elle. Pire, l'odeur nauséabonde de l'os pourri – dont on dit qu'il dégage une faible lueur phosphorescente – maintient ses proches à distance. Déclarée guérie, sa condition la prive d'un retour à l'emploi, son apparence physique étant susceptible d'affoler les autres employés.

Comment les pouvoirs publics réagissent-ils? Lentes à établir le lien avec l'utilisation de phosphore, les autorités européennes commencent par interdire la manufacture des allumettes dites «Lucifer», notoirement explosives et contenant du phosphore blanc. La Finlande puis le Danemark et la France interdisent le procédé avant la fin du XXe siècle. Cela ne se fait pas sans heurts: en Angleterre, une protestation mémorable éclate en juillet 1888. Les ouvrières de l'usine Bryant & May, géant de l'allumette londonienne installé sur un hectare de l'East End, entrent en grève pour l'amélioration de leurs conditions de travail. Preuve que leur santé n'est pas la principale motivation derrière ce soulèvement, les travailleuses réclament une augmentation de leur paye, plafonnée à huit shillings par semaine et soumise à des amendes de la part des contremaîtres. Dans un des quartiers les plus mal famés de Londres, miné par le chômage, la criminalité et l'alcoolisme, cette rébellion rassemble une armée de petites mains. En 1899 finalement, les ouvrières et leurs soutiens obtiennent gain de cause. Les usines anglaises reçoivent l'obligation d'appliquer plusieurs règles sanitaires : une meilleure ventilation de leurs sites, l'inspection dentaire régulière de leurs employés, et l'arrêt systématique du travail pour tout ouvrier se plaignant de douleurs à la mâchoire. Pour couronner cette victoire sociale, la Convention de Berne, en 1907, bannit définitivement l'utilisation du phosphore blanc.

Faiseuse d'anges

Dès l'Antiquité, Platon met dans la bouche de son mentor, Socrate, l'affirmation suivante : « [Les sages-femmes] peuvent même, par des remèdes et des enchantements [...] faciliter l'avortement de l'enfant, quand la mère est décidée à s'en défaire[1]. » Le philosophe parle en connaissance de cause : sa propre mère, Phénarète, était accoucheuse à Athènes. À l'époque, pas le moindre tabou à l'horizon, ce dont témoigne la grande diversité des techniques pratiquées dans les sociétés primitives, immortalisées sur les bas-reliefs des temples : parmi elles, serrer une ceinture autour de l'abdomen de la femme enceinte, l'allonger sur une noix de coco chauffée, ingérer toutes sortes de « potions de stérilité » plus ou moins douteuses (camomille, myrrhe, genièvre, mercure, menthe pouliot)... Le recours à la chirurgie est déconseillé, car il conduit très fréquemment à des complications. On préconise plutôt, en amont, des contraceptifs à base de silphium, ou le recours millénaire au *coitus interruptus* : la science de la conception n'est encore que balbutiante.

L'ouverture d'esprit antique se rétracte considérablement avec les enseignements chrétiens. L'enfant est devenu un « don de Dieu» qu'on ne refuse sous aucun prétexte: l'avortement est alors désigné comme un crime infâme. Gare aux «faiseuses d'anges», qui entrent désormais dans la clandestinité. Au début du IVe siècle se réunit à Grenade le concile d'Elvire, qui punit d'excommunication les avorteuses. L'Apocalypse de Pierre les destine à l'Enfer: «Les femmes seront englouties jusqu'au cou et seront punies d'une grande peine. Ce sont justement celles qui avortent et détruisent l'œuvre que le Seigneur avait formée[2].» C'est le début d'un millénaire et demi de répression sévère.

Mais l'interdit est bravé et les avorteuses sont toujours consultées. D'abord par les miséreux et les pauvres qui, incapables de nourrir une bouche supplémentaire, sont contraints de faire «périr le fruit». On se tourne vers les matrones (dont la science inclut souvent les pratiques abortives) mais aussi vers les herboristes, empoisonneuses, médecins du village, voire de simples voisines. Du IXe au XIIe siècle, les paysans libres produisent davantage d'enfants que leurs homologues serfs, ces derniers ne souhaitant pas transmettre leur servitude à leurs descendants. Le recours aux potions de l'avorteuse est alors plus que bienvenu. Toutefois, ce n'est pas la seule alternative; donner un nouveau-né en pâture aux cochons ou le jeter dans un lac peut paraître une solution plus commode, tant que la grossesse est restée discrète.

Quels sont les risques encourus? Publié en 1486, le fameux traité du *Marteau des Sorcières* (*Malleus Maleficarum*) accuse les avorteuses de sorcellerie et les condamne au bûcher; la peine d'enfouissement peut également être prononcée. Une veuve de Meurthe-et-Moselle, coupable de s'être fait avorter, est pendue «après avoir eu les mamelles tirées d'une tenaille ardente[3]». Mais la définition du crime reste ambiguë. L'Église punit l'infanticide à partir du moment où l'âme est insufflée dans le corps du fœtus. Selon Bernardin de Sienne (1427), cela n'arrive que quarante jours après le début de la grossesse. D'autres distinguent l'avortement «nécessaire» (en cas de fragilité physique ou de pauvreté) de l'avortement «coupable» qui camoufle une relation adultérine, par exemple, le premier étant moins condamnable. En 1609, Louise Bourgeois, sage-femme de Marie de Médicis, reconnaît qu'il existe des cas où «il faut promptement accoucher une femme à quelque terme que ce soit, pour conserver sa vie[4]». Toutefois cette conception contredit encore les dogmes de l'Église et n'a pas l'aval des autorités.

Alors les faiseuses d'ange continuent de faire profil bas. Sous Louis XIV, la ténébreuse Affaire des Poisons met au jour un réseau de l'ombre constitué d'empoisonneurs, d'herboristes véreux et d'avorteuses. Arrêtée en 1679, Catherine Monvoisin, dite La Voisin, confesse sous la torture avoir fait disparaître plus de 2500 fœtus pour le compte de «gens de qualité»; elle est brûlée l'année suivante Place de Grève. Même si le recours à l'avortement dit «thérapeutique» commence à voir le jour (en Angleterre vers 1780, puis en Allemagne et aux Pays-Bas au début du XIXe siècle), l'anathème n'est toujours pas levé. En 1890, l'affaire des avorteuses de Paris scandalise la capitale: drôle d'hypocrisie car, depuis plusieurs années, de nombreuses petites annonces s'affichent librement dans les journaux, vantant «discrétion absolue» et produits miraculeux contre la grossesse. Les consciences évoluent au rythme des mouvements féministes. Lentement. Sous le régime de Vichy, l'avortement devient crime antipatriotique qui enlève des enfants à la France: Marie-Louise Giraud, coupable de 27 avortements illégaux, est guillotinée le 30 juillet 1943. À la Libération, combien d'avortements pour échapper à la furie populaire traquant les «enfants de la honte»? Il faudra attendre 1975 et la loi Veil pour que l'avortement cesse d'être pénalisé en France. Toutefois, on le justifie devant la justice uniquement en cas de «détresse» de la femme enceinte, et non en vertu de son droit à disposer librement de son propre corps. Le second motif ne deviendra valable qu'en 2014.

Falot

Avant la démocratisation de l'éclairage public, les artères des grandes villes peuvent être redoutablement sombres. Et leur noirceur est souvent synonyme d'insécurité pour les piétons, alors susceptibles d'être agressés ou dépouillés. «Immensité de la nuit. Les crimes viennent des ténèbres» avertit Victor Hugo[5]... Au XVIIe siècle, on voit des garçons profiter de l'aubaine pour embrasser une carrière curieuse: celle de falot. Équipés d'une lanterne ou d'une torche, ils se postent à la sortie des tavernes, des restaurants et des cabarets. Lorsqu'un client potentiel se présente, ils proposent d'escorter le voyageur jusqu'à sa destination.

Ces broyeurs de noir précèdent leurs clients à travers un royaume de nuit, pluvieux et poisseux. Enfants miséreux aux figures maculées de suie, ils font partie de cette armée de petits besogneux des XVIIe et XVIIIe siècles, côtoyant les chiffonniers, les porteurs et les marchands ambulants. Le chroniqueur londonien Samuel Pepys les mentionne régulièrement dans son journal: généralement, on leur remet – somme dérisoire – un quart de penny pour cet exercice. Alors ces éclaireurs n'hésitent pas à conduire leur passager vers des ruelles obscures, où des complices tapis dans l'ombre détroussent le malheureux. De quoi tirer un meilleur profit de la course... et noircir un peu plus leur réputation.

Dès la fin du XVIIIe siècle, les falots sont menacés par la révolution de l'éclairage public. Voici comment le *Globe* londonien décrit le métier le 6 décembre 1894 : « Il demeura une institution nocturne de nos rues jusqu'à ce que l'amélioration de la lampe à huile, puis l'introduction du gaz, rendent sa profession obsolète », précisant au passage que « cette profession n'a sans doute jamais été rentable[6] ». En effet, la lumière se répand comme une traînée de poudre dans les grandes capitales d'Europe, fruit d'innovations successives : lampes à huile à la fin du XVIIIe siècle, becs à gaz au cours du XIXe, enfin la « fée électricité » quelques décennies plus tard. Aveuglé par tant de lumière, l'éclaireur des rues s'éteint.

Fillette amoureuse

On lui a donné bien des noms. Mais que l'on soit péripatéticienne, chambrière ou fillette amoureuse, geisha, catin ou courtisane, que l'on fréquente un harem, une maison de passe ou un « bouge », la profession n'a guère évolué depuis ses humbles origines. Le code d'Hammourabi, rédigé il y a quatre mille ans, y fait déjà référence, tout comme l'épopée de Gilgamesh. En Orient, les prêtresses sont investies de cette responsabilité sacrée dans certains temples. Hérodote dénonce ces pratiques qui l'horrifient : « Les Babyloniens ont une loi bien honteuse. Toute femme née dans le pays est obligée, une fois en sa vie, de se rendre au temple de Vénus, pour s'y livrer à un étranger. [...] Elle suit le premier qui lui jette de l'argent, et il ne lui est permis de repousser personne. Enfin, quand elle s'est acquittée de ce qu'elle devait à la déesse, en s'abandonnant à un étranger, elle retourne chez elle[7]. » Il a beau jeu de s'en offusquer : sa propre patrie donne à la prostitution pignon sur rue, sous une forme étonnamment moderne.

Dans les cités grecques, en effet, les prostituées sont libres de proposer leurs services à condition de porter une tenue distincte et d'acquitter de lourds impôts. Le législateur Solon (VIe siècle av. J.-C.) en fait presque une mission de salut public : en réduisant le prix des passes à une obole, les moins fortunés des Grecs peuvent s'offrir du bon temps. Remplissant les coffres de la cité, la pratique désamorce dans le même temps les pulsions d'honnêtes citoyens... Cette même logique « moraliste » s'implante à Rome où, malgré une pudibonderie de façade, les lupanars pullulent. Des filles de joie flânent aux abords des bains publics ou des amphithéâtres. Elles n'ont rien à voir avec les courtisanes des villas aristocratiques : la prostitution a déjà sa hiérarchie et ses tabous. Coiffées de perruques blondes ou rousses, écumant les tripots et les quartiers mal famés, ces « louves » sont, nous dit Plaute, autant de « limaces blafardes, fiévreuses, lamentables, puant le mauvais parfum, laides à faire peur[8] ». Certaines retrouvent leurs clients désargentés dans les caveaux des cimetières, ce qui leur vaut le surnom de « louves des sépulcres ». Toutes sont de condition servile, dénichées sur les marchés aux esclaves et entièrement soumises à leur propriétaire, qu'il soit *leno* (maquereau) ou *lena* (maquerelle ou « madame »).

Le Moyen Âge ouvre une nouvelle ère, balayée par le christianisme. « Les prostituées vous devanceront au royaume de Dieu » affirment les Évangiles[9]. L'Église est prudente. Si les courtisanes sont associées à la corruption de la chair et à l'absence de vertu, elles ont déjà prouvé leur utilité sociale. « Elles sont dans la Cité ce qu'un cloaque est dans le palais, écrit Saint Augustin. Supprimons le cloaque et le palais deviendra un lieu infect. Supprime les prostituées, les passions bouleverseront le monde ; donne-leur rang de femmes honnêtes et le déshonneur flétrira l'univers[10]. » En somme, c'est un moindre mal... Alors le commerce charnel continue d'avoir pignon sur rue, le plus souvent avec la bénédiction des autorités religieuses. Saint Thomas d'Aquin (XIIIe siècle) félicite ainsi ces moines perpignanais qui ont collecté des fonds pour ouvrir un bordel, « œuvre sainte, pie et méritoire ». Au début du XVe siècle, Florence dépense 1 000 florins d'or par établissement pour se doter de *bordelli* municipaux. Bergame, Montpellier, Nîmes, Toulouse lui emboîtent le pas : « Pas de bonne cité sans bonne maison » est la formule à la mode. Les taxes sur ce commerce lucratif permettent à Sixte IV de faire décorer la chapelle Sixtine. En 1510, c'est Jules II, le souverain pontife en personne, qui fait édifier une maison close réservée aux chrétiens à Rome.

Cependant, les prostituées médiévales sont loin d'avoir tous les droits. Le pieux Saint Louis a tenté de bannir la prostitution par sa Grande ordonnance de 1254, sans succès. Alors il se contente de chasser les « ribaudes » du centre-ville et les oblige à porter la ceinture jaune, marque de leur infamie. Si les filles de joie continuent de recevoir des clients dans l'intimité des étuves (« bains déshonnêtes » où femmes et hommes s'adonnent à des plaisirs licencieux) ou des maisons de passe, elles ne jouissent d'aucune reconnaissance sociale. En Angleterre, en 1300, il leur est interdit de fréquenter la ville de nuit. Le port de fourrures ou de bijoux d'or et d'argent leur est également défendu, tout comme la fréquentation de certains marchés, de peur qu'elles ne souillent les aliments (ou corrompent la moralité des riverains). On relègue ces « filles mal gouvernées » hors des murs de la cité. Est-ce parce qu'on les repousse vers les bords des villes que le terme de « bordel » ou de « bordeau » voit alors le jour ? L'infamie qui souille les prostituées continue d'exercer son empire : la plupart d'entre elles sombrent dans une misère silencieuse, traversée de maladies honteuses, d'avortements forcés et de violences.

En 1496, le « mal de Naples » fait son apparition. La profession médicale l'assimile à une peste : il s'agit en réalité de la syphilis, rapportée d'Italie par les bataillons de Charles VIII ! Mais de l'autre côté des Alpes, les Italiens baptisent cette mystérieuse maladie le « mal gaulois », car il coïncide avec la présence des troupes françaises sur leur sol. L'origine première de cette infection embarrassante reste obscure. Les « fillettes » sont aussitôt décriées, et les évictions se multiplient. Une ordonnance du prévôt de Paris exige des malades qu'ils « quittent et abandonnent la ville et les faubourgs [...] et que les étrangers retournent demeurer dans les pays et lieux où ils sont nés [...] sous peine d'être jetés dans la rivière », tandis que les prostituées sont qualifiées d'empoisonneuses ou de « napleuses », accusées de transmettre la peste et la lèpre[11].

Dans le même temps, marqués par la Réforme protestante, les derniers chapitres du Moyen Âge voient s'établir un nouvel idéal de pureté, qui condamne durement les filles de mauvaise vie. En 1561, l'ordonnance d'Orléans bannit les maisons closes, tandis que l'on rebaptise les rues. À Paris, celle du Poil-au-Con devient rue du Pélican, la rue Trasse-Putain se métamorphose en rue Transnonain... La police des mœurs se charge du reste. Au XVIIe siècle, le Roi-Soleil fait purger les odieuses « cours des miracles » peuplées de vagabonds, détrousseurs et autres acolytes des filles de joie, désormais réfugiées dans la clandestinité. Des descentes frappent les tavernes, auberges et cabarets à la réputation sulfureuse. Des centaines de filles sont raflées, livrées à la vindicte populaire puis transférées à la Salpêtrière.

L'époque contemporaine maintient l'hypocrisie antique. Peuplade gouailleuse des cabarets, danseuses en fourrure à demi-nues, les nouvelles courtisanes font la couleur de la Belle Époque parisienne et sont les muses d'auteurs et de peintres célèbres. Derrière les parures étincelantes des « cocottes », la réalité du trottoir est autrement plus terne. Car celle qui racole, essuie les quolibets et les sifflements, seule alternative à sa misère, est toujours flétrie d'indignité. L'hygiéniste Parent-Duchâtelet pense bien faire lorsqu'il soutient, dans les années 1830, que « les prostituées sont aussi inévitables, dans une agglomération d'hommes, que les égouts, les voiries et les dépôts d'immondices[12] ». À demi-mot, la condamnation du métier reste de mise. Après la Seconde Guerre mondiale, qui voit nombre d'armées enrôler de force des « femmes de réconfort » pour le loisir de leurs soldats, le débat sur la pénalisation de la prostitution revient sur le devant de la scène – du moins en France. En 1946, c'est une ancienne prostituée devenue conseillère municipale de Paris, Marthe Richard, qui va porter une loi entraînant la fermeture des maisons closes... Mais loin d'éliminer « le plus vieux métier du monde », cette proposition va simplement le déménager sur le trottoir, dans une misère souvent plus noire encore.

Foulon

« On se sert de l'urine pour enlever les taches d'encre, garantit Pline l'Ancien au Ier siècle. L'urine d'homme guérit la goutte ; ce qui le prouve, ce sont les foulons, qui, assure-t-on, sont préservés, de la sorte, de cette maladie[13]. » On aura compris la grande utilité de l'urine en ces temps anciens : on la dit aussi efficace dans le traitement de la surdité que dans celui des plaies ouvertes. Mais qui sont les foulons (on dit aussi « foulonniers »), au juste ? Des ouvriers chargés de piétiner (fouler) aux pieds des tissus dans un bain chimique, afin de les raffermir et de les purger de leurs impuretés. Qu'on se figure des dizaines d'entre eux, s'immergeant jusqu'aux genoux dans des cuves nauséabondes, écrasant les textiles de leurs pieds nus des heures durant...

Si la profession est recensée dès l'Antiquité, d'abord pratiquée par des esclaves (elle aurait été inventée en Grèce par un certain Nicias de Mégare), elle voit ses effectifs exploser au Moyen Âge, à la faveur de l'essor de l'industrie textile. En France, certaines cités drapières jouissent d'une renommée internationale, particulièrement dans le nord du royaume, l'Artois et la Flandre. La production, très calibrée, suit un processus bien défini : elle commence par la tonte des moutons, le lavage, le dessuintage (séparation de la laine et du gras des animaux) et le lissage de la laine, enroulée sur des quenouilles et tendue sur des métiers à tisser. C'est au sortir de cette étape que la tâche des foulonniers débute. Rêches et ternes, les étoffes sont plongées dans des cuves d'eau mêlées d'urine, de sable, d'argile, de glaise ou de lie de vin, puis foulées au pied par ces ouvriers mal considérés, dont les journées de travail durent entre neuf et douze heures. Il s'agit d'un métier essentiellement masculin : « Nulle femme ne peut ni ne doit mettre main à drap », stipule au XIIIe siècle le livre des métiers d'Étienne Boileau[14]. D'abord payés en nature – logés et nourris par leurs maîtres –, les foulonniers réclament des espèces sonnantes et trébuchantes. En 1210, l'assistant d'un foulon ne reçoit que 12 deniers par jour, mais sa paye triple en 1300, favorisée par la récente prospérité des cités médiévales.

La corporation des bonnetiers, qui produit chaussettes, lingerie, bas et autres articles de maille, se voit toutefois interdire l'utilisation de l'urine dans ses statuts de 1550 : « Ne pourront lesdits foulons dégraisser bonnets [...] avec urine ou pissat [urine animale], sous peine de 40 sols parisis d'amende[15]. » À Bruges, on utilise essentiellement du beurre et du suint, selon la réglementation en vigueur dès 1303. À Rouen, l'emploi de «cler sain» (saindoux) et d'une terre rouge extraite du côté de Roumare est constaté, tandis qu'on réserve la lie de vin et les autres mixtures brutes aux draps plus grossiers. Pourquoi un tel ménagement ? Serait-ce par égard aux conditions de travail des ouvriers, qu'on dit particulièrement sordides ? La vérité est plus triviale : «Les manufacturiers habiles et de bonne foi conviennent qu'[elle] peut être préjudiciable aux étoffes, soit à cause de la trop grande âcreté de l'urine, qui les rend rêches et rudes, soit parce que la mauvaise odeur peut les infecter. Le plus sûr serait de ne jamais s'en servir : mais l'usage en est devenu si ordinaire, à cause qu'elle ménage le savon, qui est une drogue qui coûte[16]. »

C'est finalement la mécanisation du métier de foulonnier qui causera sa perte. À partir du XIIIe siècle, des moulins à foulon germent sur le territoire, plantés le long des ruisseaux : disposés dans un bain d'eau chaude, les draps sont retournés et écrasés par des pilons de bois actionnés par une roue motrice. Dès lors, on ne s'embarrasse plus de main-d'œuvre que pour les draps de très haute qualité, qui exigent le maintien d'un savoir-faire ancestral. Certains foulons évoluent au rang de contremaîtres (bien que l'appellation de leur métier reste la même) afin de superviser l'activité des moulins, mais ils sont très rares. Le salaire des artisans traditionnels chute brutalement : cet écart entre des cités drapières opulentes, enrichissant considérablement les négociants en tissus, et les petites mains de l'industrie entraîne plusieurs révoltes dans les Flandres (à Gand en 1256, à Bruges en 1302, à Leyde de 1372 à 1478). Mais les tisserands refusent de céder : «Il vous faut accepter les salaires que nous vous proposons, sinon vous mourrez de faim cet hiver» menacent les drapiers de Leyde en 1478, au terme d'une énième révolte[17]. Lessivée, la corporation des foulons est annexée, au

XVe siècle, à celle des drapiers, signant leur soumission pleine et entière. Mais on en retrouve encore exerçant ce métier traditionnel jusqu'à la toute fin du XVIIe siècle.

Furie de guillotine

Un métier-éclair passé sur l'histoire comme un couperet sur le billot : les furies de guillotine sont considérées comme les princesses de la Terreur. Mêlées aux processions qui conduisent au lieu d'exécution, aboyant des insultes, excitant la ferveur du peuple, elles incarnent, dit-on, la hargne et la fureur révolutionnaires. Mais d'où viennent-elles exactement ? « On décida de tirer des prisons de ces femmes condamnées pour vol, ou détenues pour mauvaises mœurs. [...] Ce sont des femmes dont les tyrans se sont servis pour peupler les tribunes de la Convention, des Jacobins, de la Commune, les salles des tribunaux révolutionnaires[18]. » On les imagine tricotant paisiblement au pied de l'échafaud (d'où leur appellation de « tricoteuses ») ou se délecter des gerbes de sang jaillissant de la guillotine... C'est ici que la légende noire décolore les faits. Certes, les femmes participent en nombre aux tumultes de la Révolution, assistant aux assemblées, fondant des clubs féminins et prenant la parole. Certaines déclenchent même des insurrections : à Grenoble le 7 juin 1788, c'est une sans-culotte qui, en giflant le sergent Bernadotte, provoque l'émeute de la « Journée des Tuiles »... Ces furies inquiètent les autorités. Un rapport de police de l'époque signale : « Il est étonnant [...] à quel point les femmes sont devenues féroces, elles assistent tous les jours aux exécutions[19]. » Mais sont-elles véritablement si sanguinaires ?

Si les archives font état de violences épisodiques, le mythe rouge des « lécheuses de guillotine » s'enracine d'abord dans la propagande contre-révolutionnaire, fustigeant ces « mégères » hystériques ayant quitté leur ménage, puis dans les récits fictionnés de Lamartine, Baudelaire et Dickens[20] qui transforment l'habituée des tribunes en « harpie » assoiffée de sang[21]. Remettons les choses au point : la furie de guillotine est avant tout une femme politique, plus souvent présente à la tribune qu'à l'échafaud – ainsi qu'en témoignent les observateurs du temps – et c'est justement cela qui inquiète ses homologues masculins. Est-elle, comme l'ont avancé certains détracteurs, « secrètement et largement rétribuée » pour suivre les charrettes et houspiller les citoyennes qui ne portent pas la cocarde[22] ? Si le fait a été décrit, il n'est pas répandu et doit être pris avec des pincettes tant la propagande antiféministe est bruyante dans la foulée de la Révolution. D'ailleurs les promesses égalitaires faites aux femmes sans-culottes ne sont pas tenues. Le 30 octobre 1793, un député de l'Isère, Jean-Pierre-André Amar, déclare devant la Convention nationale : « Nous croyons qu'une femme ne doit pas sortir de sa famille pour s'immiscer dans les affaires du gouvernement[23] ». Le même jour, les clubs féminins sont dissous. Seule une poignée de femmes hante encore les assemblées révolutionnaires, et courant 1795, certaines sont chassées – à coups de verges – des gradins de la Convention. Napoléon portera le coup de grâce : promulgué en 1804, le code civil réduit les femmes, si furieuses soient-elles, à l'état de mineures et enterre définitivement toute promesse d'émancipation.

G

Gadouard

Quiconque arpenterait de nos jours les rues médiévales en serait instantanément révulsé. « Gare l'eau » crie-t-on depuis une lucarne : c'est pour signifier que le contenu d'un pot de chambre va y être déversé. On raconte que Saint Louis en fut le malheureux destinataire, un jour qu'il passait à cheval sous les fenêtres des faubourgs... Les déjections circulent dans une rigole tracée au milieu de la rue, surnommée *merdereau*, ou basculent directement dans les rivières. Pour éviter ce torrent quotidien de saletés, les piétons marchent en haut du pavé, ne cédant le passage qu'aux individus de rang supérieur – habitude qui sera à l'origine de l'expression « tenir le haut du pavé ». Mais il n'est pas rare qu'un ivrogne s'y noie. Il faut dire qu'une ville moyenne de 5 000 habitants produit chaque année plus de 300 tonnes de fèces et trois millions de litres d'urine...

Fort heureusement, les lieux d'aisance commencent à se démocratiser chez les particuliers. Dès 1374, une ordonnance de Charles V exige de «tous les propriétaires, en la ville et faubourgs de Paris, d'avoir latrines et [lieux] privés suffisants en leur maison[1]». En 1404, son fils Charles VI punit de 60 sols d'amende le fait de *porter fiens* à la Seine, ce qui ne décourage pas les contrevenants. L'on exhorte alors chaque propriétaire à creuser chez lui une fosse d'aisances, qui sera ensuite purgée régulièrement par les «maîtres des basses œuvres», ou gadouards. Autrement dit, des vidangeurs qui, armés d'outils sommaires – pelle, pioche et seau – extraient les excréments séchés des «retraits». Et ce, souvent en dépit de la prudence la plus élémentaire.

Preuve d'un travail particulièrement rebutant, on les surnomme «maîtres fifi» – l'interjection «fi!» étant employée à l'époque pour exprimer le rejet ou le dégoût. Parce qu'ils reniflent les effluves nauséabonds, les problèmes respiratoires ou les évanouissements sont chez eux monnaie courante. En témoigne cet avertissement relayé par le Collège de Pharmacie en 1792: «Les accidents auxquels sont exposés [ces malheureux] sont très communs, quoique le plus souvent ignorés, parce que ces hommes ont peu de commerce avec la société, vu la nature de leurs travaux; parce qu'on ne fréquente guère de tels ateliers; parce qu'enfin les vidangeurs exercent leur profession de nuit[2].»

L'infamie dont ils sont frappés se reflète aussi dans le vocabulaire: à l'époque, «vilain comme un gadouard» est une insulte féroce[3]. M. Cadet relate un accident survenu à Narbonne dans les dernières années du XVIIIe siècle, alors qu'un certain M. Faure faisait creuser une fosse d'aisances à côté d'une autre, plus ancienne, «qui était remplie et dont l'infection avait fait décider de ne pas la vider». Soudain, vers six mètres de profondeur, «les matières s'épanchèrent de la vieille fosse dans la neuve, plus basse de neuf pieds que l'autre. Un maçon, et une jeune fille de 12 ans qui lui servait de manœuvre, tombent et ne donnent plus de signe de vie. De deux autres maçons établis sur un échafaud, l'un tombe dans la fosse, où les matières s'étaient déjà élevées de trois pieds, l'autre sur les planches de son échafaud. Le fils de ce dernier accourt, et est précipité dans la fosse. Un commerçant en laine y descend, s'évanouit et tombe ; il se relève et gagne l'échelle, mais il tombe de nouveau. Tant de malheurs épouvantent les assistants, aucun n'ose s'exposer à descendre dans un lieu d'où l'on ne revient plus. M. Faure, n'écoutant que son zèle, descend dans la fosse meurtrière et s'évanouit. Un cordonnier se dévoue également à la mort. La même destinée est réservée à tous ceux qui tentent d'y descendre : un tonnelier y périt encore[4] ». Pareils accidents se produisent en d'autres villes, liés à « l'air méphitique » et aux vapeurs nocives qui émanent des fosses pleines... Au début du XIXe siècle, on en vient à recommander l'usage de chaux ou de chlore pour désinfecter les fosses, puis à en faciliter la ventilation. Il était temps !

Cette profession est-elle typiquement française ? Non : la croissance galopante des populations des grandes métropoles rend indispensable le travail du gadouard, sous peine d'obturer les voies d'eau ou de contaminer les nappes souterraines. En Angleterre, on fait appel au *gong farmer* (littéralement, « fermier de toilettes extérieures ») ou *nightman* pour purger ses latrines. Il ne faudrait pas qu'un voisin vienne se plaindre d'infiltrations nauséabondes dans sa cave... Comme son homologue français, celui-ci opère généralement de nuit, son travail étant mal considéré et le transport de matières fécales incommodant les riverains. Ce qui ne l'empêche pas d'être bien rémunéré : jusqu'à dix shillings par opération ! De quoi inspirer à Bernard Mandeville la maxime selon laquelle « l'odeur du gain est parfumée, même pour les travailleurs de nuit[5] ».

Que faire ensuite de ces déchets ? Les excréments sont charriés en dehors de l'enceinte de la ville. Une solution qui arrange tout le monde consiste à revendre, pour une bouchée de pain, le produit de la collecte à des fermiers. Les agriculteurs épandent ensuite cet engrais bon marché. Quant aux marchands de poudre à canon, ils recyclent la terre souillée d'urine, riche en salpêtre. C'est finalement le raccordement progressif aux réseaux d'égouts, purgés mécaniquement, qui sonnera le glas des travailleurs de la nuit, évacués des métropoles européennes à la fin du XIXe siècle.

Galérien

L'imaginaire collectif a conservé l'image du galérien prisonnier, condamné à ramer tout le reste de sa misérable existence. Ne parle-t-on pas aujourd'hui de « galère » pour qualifier une situation délicate ou périlleuse ? Or, si le moteur humain des navires a parfois été alimenté par le butin de guerre, il est plus fréquent, dès l'Antiquité et tout au long du Moyen Âge, de voir la chiourme – les rameurs d'une galère – se composer de salariés. À la fois rameurs, mariniers et combattants, ces équipages monnayent leur sueur contre une solde – et, souvent, les volontaires ne manquent pas ! Que diable vont-ils faire dans cette galère ?

Après l'an mil, les équipages de Méditerranée sont pleins de bâbord à tribord de rameurs libres. Ce sont les *galeotti*. Les vaisseaux n'ont guère évolué depuis l'Antiquité : double mât, deux rangées de rameurs, 50 hommes. C'est avec cette main-d'œuvre bon marché que Venise étend son empire maritime, objet d'un commerce fructifiant depuis le IXe siècle. Car les *galées* sont d'abord des navires de commerce, destinés à convoyer étoffes, épices et autres denrées précieuses entre les ports d'Europe et ceux du Levant.

À quoi ressemble la vie à bord ? On s'active surtout à l'aviron. Pendant la traversée, les mariniers font preuve d'une remarquable dextérité, chacun devant synchroniser les mouvements de son aviron avec celui de ses voisins. Le geste est répété jusqu'à ce que « la main devienne aussi dure que du bois » selon un témoignage de l'époque[6]. « Quelquefois le galérien rame ainsi dix, douze et même vingt heures de suite sans la moindre relâche. Le comite [chef de navire], en cette occasion, ou d'autres mariniers, met dans la bouche des pauvres rameurs un morceau de pain trempé dans du vin pour prévenir la défaillance[7]. » Lorsqu'un abordage se prépare, le galérien troque son aviron contre un arc ou une lance. En première ligne des couleuvrines ennemies ou du feu grégeois (lance-flammes d'avant-garde qui sème la panique dans les rangs ennemis) les galériens sont souvent les premiers à passer par le fond.

Côté menu, mieux vaut ne pas faire la fine bouche : les longues traversées en mer ne permettent pas une conservation idéale des aliments. Du porc et une soupe de fèves les jours gras, tout au plus. Sinon, de la morue (très) salée, du fromage et un peu de vin coupé d'eau. Et toujours ce quignon de pain sec cuit deux fois – d'où le terme « biscuit » – qui résiste à l'humidité. La solde des rameurs, plutôt correcte, compense ce mauvais service. Sensibles au complément de revenu, les *galeotti* dissimulent sous leur banc une pacotille (armes, alcools, étoffes, miroirs...) qu'ils troqueront à la prochaine escale...

Au fil du temps, la condition du rameur se dégrade. Méprisé par les capitaines qui s'enrichissent à la force de ses bras, il perd le goût du métier. À Venise, Cristoforo da Canal constate en 1539 que « les gens sont si aisés et jouissent d'une existence si facile qu'il ne faudrait rien moins qu'un danger de mort pour les faire s'embarquer sur les galères ». À partir du XVIe siècle, la galère devient un lieu de condamnation pénale. Il faut bien renflouer les effectifs... Les bancs des rameurs sont désormais occupés par une cohorte de miséreux, déserteurs, blasphémateurs et autres « gens de rebut », les pieds entravés de fers et le dos strié par les coups de fouet. « Si un esclave tombe pâmé sur son aviron, il est fouetté jusqu'à ce qu'il tombe mort, puis on le jette à la mer sans cérémonie[8]. » Dans le ventre puant des galères, où la saleté s'incruste à même le bois, les épidémies fauchent des équipages entiers. La gale et le scorbut finissent le travail. « Quand les forçats viennent en galère, écrit un voyageur de l'époque, on les fait entrer par la poupe ; quand ils meurent, on les fait sortir par la proue, les pieds devant. [...] Là se voit toute la misère, ordure, saleté, puanteur et infirmité humaine... Il n'y a jour qu'il n'y meure quelqu'un[9]. »

Lorsqu'elle n'est pas en mer, la chiourme est envoyée « en fatigue », c'est-à-dire qu'elle effectue quelque corvée sur le port : poncer les boulets incrustés de rouille, réparer les installations de bord, tricoter des vêtements... C'est l'occasion que certains désespérés saisissent pour se jeter, fers aux pieds, par-dessus bord. Rejoindre les squelettes déjà blanchis de leurs anciens compagnons d'infortune leur paraît un sort plus enviable que de perpétuer cette sinistre existence. Pourtant, si les détenus forment désormais la quasi-totalité des effectifs de rameurs – soit près de 420 paires de bras pour les plus gros navires –, il reste encore quelques volontaires (ou *bonevoglies*, de l'italien « celui qui veut bien ») pour remplir les places vacantes. Ces derniers se font de plus en plus rares : 80 par bateau en 1670, et seulement une petite dizaine en 1715, à la fin du règne de Louis XIV. On leur réserve des tâches à peine moins ardues qu'aux détenus de droit commun : la corvée de bois, l'aiguade (provision d'eau) et la correction de la chiourme, sabre en main. Ce qui les place dans une position pour le moins délicate. On ne s'étonnera pas de voir certains *bonevoglies*, à la nuit tombée, se faire trancher la gorge par les rameurs excédés…

En 1748, le corps des galères de France disparaît ; on condamne désormais aux travaux forcés. Et l'on meurt tout aussi vite dans les bagnes de Toulon ou de Brest…

Garçon de fessée

L'histoire des punitions corporelles infligées aux enfants ne date pas d'hier. Au Moyen Âge, le système scolaire y voit un bon véhicule d'apprentissage, en complément des recommandations bibliques : « N'épargne pas la correction à l'enfant ; si tu le frappes de la verge, il ne mourra point[10]. » La fonction du « garçon de fessée » (*whipping boy*) est de recevoir les coups qui devraient pleuvoir sur un autre. Il est en effet châtié pour les bêtises d'un prince ou d'un jeune souverain. Pourquoi ? Parce que le futur héritier du trône ne saurait être puni par quelqu'un d'autre que le roi lui-même, qui n'a de comptes à rendre qu'à Dieu ! En l'absence du souverain, on choisit donc un bouc émissaire parmi l'entourage du prince, puis on le punit pour chaque écart de conduite du futur roi.

Cette pratique s'observe pour la première fois à l'égard de Conrad, jeune roi de Jérusalem. Un récit anonyme du XIIIe siècle raconte qu'il a 12 garçons de son âge pour compagnie, et que ces derniers sont frappés lorsqu'il se comporte mal. « Pourquoi ne me battez-vous pas, puisque c'est ma faute ? » aurait demandé le souverain en herbe. « Parce que vous êtes notre seigneur. Si vous avez un cœur bon, vous devez être très désolé que les autres supportent la douleur de vos péchés[11].» Cela permettrait, selon les instructeurs de l'époque, d'imprimer les valeurs morales plus profondément.

D'autres garçons de fessée ont-ils existé? On en observe surtout en Angleterre à partir du XVIe siècle. Edouard VI en aurait fréquenté un (qui recevra une baronnie en Irlande pour ses loyaux services), de même que Charles Ier, même si leur existence reste nimbée de mystère. Et en France? Gaston Maugras évoque un «petit hussard qu'avait Louis XV dans son enfance et qu'on fouettait quand le jeune Roi n'avait pas bien dit sa leçon» et la marquise du Deffand, épistolière du XVIIIe siècle, le corrobore dans une lettre[12].

Gardien de phare

Difficile de retracer les origines de ce métier sans doute apparu sur les pourtours de la Méditerranée antique. L'un des premiers phares de l'histoire, bâti sous la dynastie des Ptolémée (IIIe siècle av. J.-C.) est planté sur l'île de Pharos, d'où le nom commun. Ailleurs, Pline l'Ancien décrit «en Afrique et en Espagne les tours d'Hannibal, en Asie des constructions semblables destinées à donner l'alarme en cas d'invasion des pirates[13]». Mais les marins se repèrent surtout aux volcans, temples, éperons rocheux qui jalonnent leur parcours. Les feux, allumés avec de l'huile végétale ou animale (l'huile de baleine, très prisée, entraîne la quasi-disparition des animaux au XXe siècle), ne sont entretenus que sporadiquement, par exemple quand un navire est attendu.

Au Moyen Âge, la construction de phares n'est pas systématique: on s'appuie sur les installations existantes (clochers d'églises, donjons...), leurs hôtes étant rémunérés pour entretenir un fanal à leur sommet. Lorsque les gardiens finissent par entrer à plein temps dans le métier (en France à partir du XVIIIe siècle), certains phares sont plus difficiles à dompter que d'autres. Ceux situés en pleine mer, dans un décor bouillonnant de vagues et d'embruns, sont redoutés : dans le folklore marin, on les qualifie d'« enfers ». Ceux des îles également, baptisés « purgatoires ». On trouve ainsi un phare désaffecté sur Queimada Grande, au large du Brésil, peuplé exclusivement de serpents venimeux... Et un autre sur Strombolicchio, une île aride et inhospitalière en pleine mer Tyrrhénienne. Il faut y passer au moins dix ans pour être muté ailleurs !

Dans les phares plus paisibles, ce sont l'ennui et la solitude qui conduisent parfois les bergers des mers à s'adonner à la boisson. Au large du Finistère, dans les années 1700, les navires français ont pour habitude de tirer un coup de canon afin de réveiller le gardien pour le rappeler à sa besogne... preuve de son manque de zèle, apparemment lié à une paie insignifiante. En 1913, l'un d'eux se plaint encore : « Imaginez ce qu'est notre existence dans les tours humides où nous vivons sans distraction, sans plaisir[14]. » Par ailleurs, leur ravitaillement est tributaire des tempêtes et des marées : les vivres qui leur parviennent sont parfois gâtés – quand ils arrivent. À cela s'ajoutent les rhumatismes, fluxions de poitrine, grippes contractées à cause de l'humidité ambiante, ainsi que les risques d'accident. On ne compte plus le nombre de gardiens emportés par les lames de l'océan ! L'un d'eux, Paul Salaün, est foudroyé dans l'exercice de ses fonctions en 1899.

Chassés par l'automatisation des phares, les gardiens disparaissent pour la plupart au cours de la seconde moitié du XXe siècle.

Gladiateur

« Je te préviens : celui qui perd, celui-là meurt. » Cette inscription, saisie sur la tombe d'un gladiateur de Vérone, résonne encore des tumultes de l'arène. Divertissement sanglant, symbole de la toute-puissance de Rome, de ses mœurs impitoyables aussi, la gladiature est née de la politique du « pain et des gladiateurs » instaurée pour satisfaire la plèbe romaine[15]. Au IIe siècle av. J.-C., il s'agit encore d'un rituel funéraire : lors des obsèques d'une sommité, ses héritiers font s'entretuer des esclaves sur son tombeau... On pense alors que cette offrande honore le défunt. Mais bientôt le spectacle s'affranchit du rituel, et les affrontements guerriers gagnent l'arène en même temps que le cœur de centaines de milliers de supporters. De quoi susciter des vocations ?

Contre toute attente, les gladiateurs ne sont pas tous des prisonniers de guerre ou des esclaves livrés à une mort spectaculaire. Environ un tiers d'entre eux sont des hommes libres[16]. Pourquoi alors choisir une carrière presque toujours synonyme de trépas ? Tout simplement parce que la profession est un tremplin privilégié vers la gloire, la richesse et... les conquêtes amoureuses. Un historien latin nous raconte que Faustine, l'épouse de Marc-Aurèle, s'était éprise d'un *gladiator*. L'empereur consulte donc des astrologues chaldéens : « Ils répondirent qu'il fallait mettre à mort le gladiateur, que de son sang Faustine devait se laver les parties sexuelles, et coucher en cet état avec son époux[17]. » Selon la légende, neuf mois plus tard naissait Commode, futur empereur particulièrement cruel, d'ailleurs mordu de gladiature...

En guise de revenus, les gladiateurs de renom peuvent briguer un joli cachet. Si l'on compte 2 000 sesterces par combat pour les débutants, l'empereur Tibère va jusqu'à en distribuer 100 000 à des «stars» de la gladiature ! La cote des lutteurs augmente au fil des combats, au même rythme que leur cote de popularité. Et le marketing s'active déjà : on voit de jeunes Romains s'amuser avec des figurines en terre cuite représentant d'authentiques gladiateurs, les fresques des villas immortaliser leurs exploits, et les graffiti de Pompéi encenser un fabuleux mirmillon, «délice de toutes les femmes».

Avant cela, il faut passer par une formation de haut niveau. La routine du gladiateur, c'est le *ludus* – la caserne où il fréquente ses homologues, s'entraîne, mange, dort et reçoit de la visite. On n'y arrive pas par hasard : pour éviter que des gladiateurs soient recrutés parmi la plèbe et corrompus par un pichet de vin, l'individu qui choisit cette carrière doit stipuler son engagement par écrit. Il se résout par contrat à être «enchaîné, fouetté, à périr par le fer» pour une durée fixée librement[18]. Une fois le contrat signé, il se retrouve à la merci de son maître, et seules la mort ou la fin de son contrat le libèrent de ses engagements. La première issue étant la plus probable.

Tel un athlète de haut niveau, le gladiateur affûte son corps et suit un régime spécifique, généralement protéiné, à base de légumes, de fèves et d'orge. Il choisit également la panoplie d'armes et le style de combat qu'il adoptera. On en observe différents types sur le pourtour méditerranéen : le Samnite, lourdement caparaçonné mais peu mobile ; le Gaulois, vif et léger ; le rétiaire, qui se bat torse nu avec un trident et un filet ; le Thrace, équipé de jambières, d'une dague et d'un bouclier carré ; l'andébate, fortement armé mais aveuglé par son casque... Et que dire du décor : des arènes surchauffées, grosses de 150 000 à plus de 300 000 spectateurs, résonnant de cuivres et de cris. L'atmosphère y est irrespirable : l'odeur sèche du sable se mêle à celles de la sueur et du sang, et les organisateurs de combats doivent vaporiser des essences très capiteuses pour en camoufler les relents... Enfin, l'hystérie atteint son paroxysme lorsqu'un combattant met genou à terre. Aussitôt l'audience s'époumone, hurlant : «*Jugula, jugula.*» («Égorge, égorge ! »).

Les guerriers sont formés pour livrer un beau spectacle, riche en rebondissements, et, à la fin de la représentation, le sang doit couler. Les spectateurs sont venus pour cela. «Nous haïssons les gladiateurs faibles et suppliants qui nous adjurent, mains tendues, de leur laisser la vie sauve» grince Cicéron[19]. Même l'arbitre est dans le coup : avant le combat, il s'est assuré que les armes étaient suffisamment affûtées pour assister à un match de qualité... En outre, les armures des gladiateurs sont conçues pour mettre les parties vulnérables – organes vitaux, cou, cuisses – à la merci du glaive de l'adversaire. Dès lors, une seule issue possible : soit la victoire, soit la *porta libitina* – l'ouverture par laquelle on tire, du bout d'un crochet, les guerriers morts dans l'arène, avant de les dépouiller de leurs effets personnels.

Pour ordonner la mort, l'empereur ou le haut dignitaire présent s'en remet généralement au public. Rien ne dit que le geste du «pouce vers le bas» soit le plus répandu pour réclamer la mise à mort. D'autres signes existent. Dans ses *Epigrammes*, Martial raconte comment un notable romain choisit de donner le signal de la mort en tirant son mouchoir ; mais, étant sévèrement enrhumé le matin du combat, «un jour que la bise humide de décembre soufflait avec fureur, ses collègues lui retinrent les mains : en un mot, le misérable ne put pas se moucher[20] ». L'on craignait que le malheureux ne condamne l'ensemble des combattants à cause d'un coup de froid !

La mort fait donc partie du métier. C'en est même l'issue la plus répandue, comme en témoignent nombre d'épitaphes glorieuses de gladiateurs fauchés dans la fleur de l'âge. Et tout porte à croire que les hommes qui ont embrassé cette vocation y prenaient un certain plaisir. «Oui, écrit Sénèque, le grand homme parfois aime l'adversité, comme le brave soldat aime la guerre. J'ai vu, sous Caligula, Triumphus le mirmillon se plaindre de la rareté des jeux: "Les belles années perdues!" s'écriait-il[21].»

D'autant que la fin de carrière d'un gladiateur est rarement réjouissante. Il a miraculeusement survécu à une profession mortifère, certes. Mais que faire désormais? Enseigner les rudiments de la gladiature à son tour, au sein du *ludus*? Rejoindre les cohortes de gardes du corps qui entourent les empereurs, comme Caligula, trop inquiet de voir la garde prétorienne tremper dans les complots régicides? Devenir l'assassin personnel d'un sénateur ou d'une impératrice? Rares sont les occasions de trouver un emploi, car le gladiateur traîne toute sa vie la marque infamante de son ancienne occupation[22]. Et ce, quel que soit le succès rencontré ou le nombre de victimes épinglées à son tableau de chasse. C'est un sort injuste: autrefois acclamé, voire adulé, le gladiateur a perdu son rang d'homme libre en faisant carrière. Il est désormais méprisé par la plèbe. Le terme est d'ailleurs l'une des insultes préférées de Cicéron à l'encontre de Marc-Antoine. «Les gladiateurs sont des êtres affreux, sales et dégoûtants» renchérit Epictète. C'est pourquoi ils sont nombreux à revêtir une nouvelle identité, adoptant des patronymes triomphants comme Achille et Hercule dans l'enceinte du *ludus* avant de revenir à l'anonymat de la vie civile.

Il faut attendre le sursaut moral du christianisme pour voir la pratique des combats organisés passer de mode. Le Carthaginois Tertullien, fraîchement converti, s'indigne à la fin du IIe siècle que «les innocents se complaisent au supplice d'autrui[23]». En 438, l'empereur Valentinien III fait interdire la gladiature.

Goûteur

Pourquoi trinque-t-on ? Apparue au Moyen Âge, cette coutume en apparence festive traduit une réalité bien plus sombre. Lors des banquets médiévaux, amis comme ennemis se retrouvaient à la même table pour festoyer. L'occasion rêvée pour un empoisonneur de se débarrasser d'un rival encombrant ! Il lui suffisait de glisser, avec la complicité d'un apothicaire, un peu « d'herbe à sorcières » dans le verre de la victime, et le tour était joué... Dans ce contexte de méfiance généralisée, il convient de montrer patte blanche lors d'un repas. En signe de bonne foi, les convives entrechoquent donc leurs chopes, de sorte que leurs breuvages se mélangent...

Toujours est-il que le risque d'empoisonnement est permanent à la table des grands, et ce bien avant les poudres mortelles des Borgia. Dès l'Antiquité, empereurs et princes se dotent d'un *praegustator*, ou goûteur. On le retrouve auprès d'Alexandre le Grand, des seigneurs perses et des empereurs romains. Son rôle ? Tester la nourriture et la boisson servies à son maître, et confirmer qu'elles ne présentent aucun danger. L'empereur Auguste, le premier Romain à employer un goûteur de façon régulière, voit ainsi succomber un certain Coetus Herodianus, entré à son service quelques années plus tôt. L'histoire se venge sur l'un de ses successeurs : Halotus, un eunuque qui testait les plats de l'empereur Claude, sert lui-même une ration de champignons vénéneux à son maître...

Certains empoisonneurs rivalisent d'ingéniosité pour échapper à la vigilance du goûteur. Britannicus, le fils de l'empereur Claude, est ainsi contaminé par un procédé audacieux, nous dit Tacite : « Comme il ne mangeait ou ne buvait rien qui n'eût été goûté par un esclave de confiance, et qu'on ne voulait ni manquer à cette coutume, ni déceler le crime par deux morts à la fois, voici la ruse qu'on imagina. Un breuvage encore innocent, et goûté par l'esclave, fut servi à Britannicus ; mais la liqueur était trop chaude, et il ne put la boire. Avec l'eau dont on la rafraîchit, on y versa le poison, qui circula si rapidement dans ses veines qu'il lui ravit en même temps la parole et la vie[24]. » Dans ce contexte de méfiance généralisée, où les goûteurs peuvent être corrompus ou éliminés, la paranoïa ambiante suffit parfois à tuer. En témoigne l'histoire édifiante du roi pontique Mithridate VI (132-63 av. J.-C.) : son père avait justement succombé à un empoisonnement ; terriblement suspicieux, le fils absorbait régulièrement de faibles doses de poison afin de garantir, pensait-il, son immunité. Mais lorsque le vent diplomatique tourna et qu'il tenta de se suicider, la dose ingérée n'était plus suffisante pour lui ôter la vie : le souverain dut être achevé par l'épée d'un de ses gardes du corps, au terme d'atroces souffrances…

Le pouvoir des empoisonneurs enfle considérablement au Moyen Âge. Les guérisseurs recensent dans leurs grimoires de plus en plus de plantes méconnues ; les apothicaires en apprivoisent les propriétés ; dans l'intimité des puissants, druides, savants et chimistes s'activent pour élaborer ces « calices de la mort ». Les traités qui les popularisent affluent, parfois sous le manteau, dans les bibliothèques d'Europe : au bas mot une trentaine d'ouvrages entre le XIIe et le XVIIe siècle. Parmi leurs plus fervents lecteurs, les papes, souvent mordus d'ésotérisme et couverts d'amulettes. On les dit motivés par la potion de vie éternelle… mais ne se penchent-il pas aussi sur des élixirs moins digestes ? Le fameux *Traité des poisons* de Maïmonide (XIIe siècle) a été traduit spécialement pour Clément V, tandis que Boniface VIII possède une traduction de la thèse d'Averroès sur la thériaque, un contrepoison célèbre. Ce souverain pontife du XIIIe siècle se montre particulièrement prudent : il utilise des couverts soi-disant taillés dans la corne de licorne, convaincu que l'artéfact révélera les mauvaises intentions de ses ennemis...

Avec le personnel de plus en plus nombreux qui officie derrière les fourneaux des grands rois, le poison est partout. Henri VIII n'emploie pas moins de 200 cuisiniers, laquais, vinaigriers, porteurs, bouchers, boulangers dans ses cuisines de Hampton Court. Les goûteurs ne testent plus seulement la nourriture et la boisson : lors d'un banquet de 1465, un serviteur embrasse la serviette ainsi que les couverts de son seigneur pour « évaluation ». Il goûte même le sel ! Ces pratiques perdureront dans les cours européennes jusqu'à ce qu'une réglementation plus stricte soit instaurée, notamment à l'initiative de Louis XIV qui, éclaboussé par la sinistre Affaire des Poisons, exige une meilleure traçabilité des produits vénéneux par un édit de 1682. Véritable scandale au plus haut sommet de l'État, l'Affaire des Poisons a pour origine l'arrestation de la marquise de Brinvilliers, une empoisonneuse notoire, en 1676. Soumise à la torture, elle révèle l'ampleur de son commerce, dans lequel tremperait une bonne partie de l'aristocratie versaillaise. Le roi charge alors un tribunal exceptionnel de faire la lumière sur l'affaire, mais il finit par le dissoudre en 1682.

Cela n'empêchera pas les puissants du XXe siècle de perpétuer la pratique. Vers 1941, on retrouve 15 goûteuses à la Tanière du Loup, repaire prussien d'Adolf Hitler. Enrôlées de force, elles sont terrorisées lorsque l'heure du déjeuner survient. « Certaines des filles commençaient à verser quelques larmes dès les premières bouchées, elles avaient si peur, témoignera Margot Wölk, l'une des survivantes. Ensuite, nous devions attendre une heure, et craignions de tomber malade dans l'intervalle. [Quand l'heure était passée], nous pleurions comme des chiens : nous étions si heureuses d'être encore en vie[25]. » De nos jours, on murmure que la Maison Blanche continuerait d'employer des goûteurs... Et aux Jeux olympiques de 2008, la nourriture servie aux athlètes était testée au préalable par des souris blanches !

H

Haleur

Les fantômes de nos besogneux ancêtres cheminent le long des fleuves et des cours d'eau. Aujourd'hui reconvertis en voies vertes ou en sentiers de randonnée, les anciens chemins de halage rappellent un métier particulièrement pénible : celui des haleurs. Leur fonction consistait à remorquer les embarcations maritimes pour leur faire remonter le cours des rivières jusqu'à leur destination. En effet, il était difficile pour un bateau – qui avait rarement l'avantage du vent et naviguait à contre-courant – de cingler à travers canaux et rivières ; il fallait donc le tracter sur plusieurs kilomètres depuis les berges. Avant l'avènement de la machine à vapeur, cela se faisait à la force des épaules… Et l'homme était souvent employé en tant que bête de somme.

Le « halage à col d'homme » est attesté ponctuellement depuis l'Antiquité, du Tibre romain jusqu'à Babylone. Au Ve siècle, le poète latin Sidoine Apollinaire évoque «le chœur des haleurs courbés» qui s'élève de la Saône, témoin d'une plainte de longue date[1]. La pratique se généralise au Moyen Âge, à la faveur de l'explosion des échanges marchands. Pas encore organisé en métier, il s'agit d'un labeur d'homme de peine pour lequel les journaliers sont préférés. C'est à partir des années 1700 que les chalands (bateaux de transport à fond plat) bourrés de marchandises commencent à affluer dans les canaux hollandais, français ou britanniques. Les obstacles sont légion: récifs, goulets, méandres, courants puissants, coups de vent... Au-delà de l'effort physique considérable qu'exige l'entreprise, les haleurs courent le risque d'être entraînés dans l'eau par la force des éléments. En conséquence, ils portent souvent des harnais autour du torse et des épaules (c'est le halage à la bretelle), et avancent péniblement au rythme de deux kilomètres par heure. Ce qui n'empêche pas les accidents: à la tête d'un convoi de sel vers Combleux en 1734, 27 haleurs se noient dans le canal d'Orléans. Les travailleurs étant payés à la journée, leurs contremaîtres ont tout intérêt à accélérer la cadence...

Les exemples ne se cantonnent pas aux latitudes européennes. L'Empire russe a ses *burlaks*, des paysans sans le sou qui, du XVIe au XIXe siècle, tractent les embarcations sur des distances colossales. En 1817, la foire marchande de Nižnij Novgorod attire ainsi près de 2000 chalands chargés de tissus, de thé, de cuirs: il faut environ 35 burlaks pour remorquer un bateau transportant 70 tonnes de marchandises en cale. «La péniche avançait sur l'eau et moi, pieds nus sur les pierres coupantes, à travers les éboulis, je suivais la rive du lever du jour à la tombée de la nuit, témoigne un de ces hommes de peine. Le soleil nous chauffait la nuque, la tête bouillonnait comme une marmite. Courbé en trois, à en faire craquer les os, on marchait, on marchait, sans même voir sa route, les yeux noyés de sueur et de larmes, la mort dans l'âme[2]. » Sept mille *burlaks* périssent chaque année aux abords de la Volga en effectuant cette tâche exténuante et mal payée.

En Chine, le long du Yang-Tsé et de ses affluents, une véritable économie du halage se met en place. Jusqu'au XXe siècle, plusieurs centaines de *qianfu* remontent les jonques du Fleuve Bleu, au son du gong qui rythme leur marche. Presque nus, pataugeant dans la boue des rizières, ils titubent dans ce paysage de gorges et de roches. Leurs traces sont toujours visibles le long du parcours, où les cordes ont marqué la pierre.

Pendant ce temps, dans l'Europe du XIXe siècle, la traction mécanique se met en place. En Angleterre, on essaye de remplacer les haleurs par une petite locomotive en 1888. Listant des solutions alternatives à la traction animale (déjà en usage depuis plus d'un siècle mais très coûteuse), le *Journal des Transports* évoque un prototype de « haleur électrique » testé en 1895 sur le canal de Bourgogne, puis un « haleur automobile » capable d'atteindre 13 kilomètres à l'heure[3]. C'est enfin la machine à vapeur qui mettra les « hommes de trait » au chômage.

Hercheur

Appelés aussi en patois *hiercheurs* ou simplement *rouleurs*, les hercheurs sont les ouvriers chargés d'assurer le trajet des wagons de minerai depuis le cœur noir des mines. Avant l'utilisation du cheval puis la mécanisation du dispositif, c'est le rôle d'un homme de petite taille – parfois d'un enfant – que de pousser le wagonnet dans les entrailles de la terre. Dans l'Angleterre victorienne, on comprend très tôt l'intérêt d'employer des gamins : cela tire les salaires vers le bas et permet d'exploiter des boyaux minuscules, où aucun homme ne pourrait s'aventurer... «Des jeunes gens s'y introduisent, trient les pierres d'avec le charbon et chargent séparément les uns et les autres sur de petits traîneaux qu'ils conduisent jusqu'aux puits en se baissant et quelquefois en marchant à quatre pattes dans toute la longueur des voies[4].» Cédés aux paroisses, les orphelins de dix à quinze ans sont des ouvriers de premier choix. Parfois chargés de plus de 150 kilos de minerai, ils avancent péniblement dans des galeries noires comme la nuit... Le tout contre un salaire inférieur à celui des mineurs «à la veine», responsables de l'extraction.

Quel est leur rythme de travail ? Dans les années 1850, les rouleurs de la Loire déplacent en moyenne cinq tonnes de minerai sur un kilomètre pendant leur journée de dix heures. Si la mécanisation – et la législation sur le travail des enfants : la France interdit en 1813 l'emploi d'enfants de moins de 10 ans dans les mines, le Royaume-Uni en 1842, la Prusse en 1853 – donne un coup d'arrêt à la profession, ce n'est pas le seul facteur. Coups de grisou, émanations de gaz, rachitisme, lumbagos, asphyxies et autres troubles cardiaques auront raison d'eux bien avant. Ce n'est pas un hasard si l'on désigne une tâche désagréable en disant que l'on «va au charbon»... Ce dont les mineurs (légaux) firent les frais jusqu'à la fin du XIXe siècle.

Homme de peine

S'il fallait un terme générique pour désigner celui qui incarne tous les travaux ingrats, ce serait celui d'homme de peine. On l'appelle aussi *brassier*, parce qu'il n'a pour seul outil que ses bras. Il n'est pas associé au terme de «travail» qui fait une apparition tardive dans les glossaires médiévaux, aux alentours du XIVe siècle. Avant cette date, on parle plutôt d'«œuvre» (du latin *opus*) pour qualifier la galaxie de professions laborieuses apparentées au travail manuel. L'homme de peine (qui peut aussi être une femme) est donc synonyme de *manouvrier* ou de manœuvre : c'est celui qui loue, temporairement, sa force de travail pour un salaire de misère. On ne lui demande pas de réfléchir, mais d'exécuter. À la différence des laboureurs, qui possèdent une terre, les brassiers agricoles travaillent pour leurs voisins. Sur les chantiers médiévaux, les manœuvres – que l'on appelle valets, aides ou compagnons – sont mal payés et n'ont une place garantie que le temps de la construction. Ils s'acquittent des tâches les plus éreintantes : débit de pierres grossières, préparation du mortier, transport des matières premières, mouvement des grues à la force des biceps.

L'homme de peine, loueur de sueur et de fatigue, est bien l'exploité de toutes les relations de travail depuis l'Antiquité. Marque de sa précarité, le terme d'« œuvre » continuera à colorer le vocabulaire des travailleurs : ne parle-t-on pas, dès le début du XIXe siècle, de « classe ouvrière » ?

L

Lavandière

Dans les villes et les campagnes du XIXe siècle, les lavandières (on dit aussi blanchisseuses) sont plus qu'une simple profession : une véritable institution.

C'est un métier qui n'a guère évolué depuis le XVIe siècle. Précédée par sa brouette, dans laquelle elle a jeté pêle-mêle le linge sale, son baquet, son battoir, sa planche à laver, sa brosse et bien sûr l'indispensable coussin qu'elle posera sous ses genoux, la lavandière se dirige vers le lavoir, où elle rencontrera à coup sûr les femmes du village. Tout affairée à son linge, cette assemblée joyeuse se plante sur le bord de la rivière. Aussitôt résonnent les coups de battoir : vêtements, draps et bonnets sont frottés d'une solution de savon et de soude, puis l'on « bat la rivière » pour désincruster les taches. C'est une affaire pénible : les jeunes blanchisseuses ont vite le muscle noueux et les mains abîmées par les solutions chimiques (l'eau glacée entraîne également force rhumatismes)... Mais on persévère. On rince, on essore. On étendra plus tard, à la maison. À Paris, en 1880, on dénombre près de 100000 blanchisseuses.

Malgré l'effort, les rires fusent: c'est avant tout une activité sociale. On est en famille, ou tout comme, et c'est dans cette disposition, comme dit le proverbe, que se lave le linge sale... Car on y échange aussi les potins du village, on discourt sur les hommes, sur l'avenir, on devise et on philosophe. Peut-être se permet-on même quelques plaisanteries grivoises? «À Chaillot, les femmes qui étaient sur la grève à essanger [décrasser] leur linge, battre et laver leur lessive, nous dirent en passant mille sottises que la pudeur ne permet point de répéter» rapporte Sébillot[1]. Preuve de l'importance de leur rôle social, une fête leur est réservée à la mi-Carême: celle des Grenouilles, où on les voit, grimées et costumées, parader au cœur de la ville. Concurrencées par les blanchisseries, puis par la démocratisation de l'eau courante dans les foyers, les lavandières ont toutes déserté les lavoirs au milieu du XXe siècle.

Loueur d'enfants

Au XVIIe siècle, en France, les bas-fonds de la capitale sont peuplés de gueux qui n'hésitent pas à simuler différents maux pour attirer la compassion des passants: l'un boite, l'autre couvre sa prétendue cécité d'un bandeau... En raison des guérisons spectaculaires qui s'y produisent, on a baptisé ces endroits les «cours des miracles». Purgées par La Reynie à la demande du Roi-Soleil, qui estimait que ces havres de criminalité défiguraient Paris, ceux-ci réapparaissent dans la deuxième moitié du XIXe siècle, à la faveur de la fraîche vague de misère et de vagabondage liée à l'industrialisation.

Le loueur d'enfants est l'un de ces gueux. Il a observé que les passants s'attendrissaient plus facilement en présence de marmots. Alors, il les emprunte à des mères de famille qui ne souhaitent pas s'en encombrer et il les loue, pour la journée, à des mendiants. Ce trafic humain gangrène les quartiers les plus populaires de Paris. Enfants illégitimes, gamins des rues, orphelins, les petits n'ont, en général, guère plus de cinq ans. Certains sont même cédés par des nourrices peu sourcilleuses contre un ou deux francs par nuit.

Tous ces enfants sur gages suivent ensuite les mendiants dans leurs allées et venues nocturnes. On peut les trouver à la sortie des cabarets, des restaurants, des messes de minuit. S'ils font peine à voir, c'est aussi parce que, parfois, leurs propriétaires les défigurent volontairement. « On en a vu qui poussaient la cruauté jusqu'à les estropier dès leur plus tendre enfance, soit en leur tournant les jambes, soit en leur cassant un bras, afin d'en faire des premiers sujets pour la mendicité[2]. » Ce n'est pas un hasard si Victor Hugo évoque la mutilation volontaire d'enfants dans *L'homme qui rit*, publié en 1869, ce conte prenant la forme d'un réquisitoire contre la misère des classes laborieuses et l'indifférence des puissants. Finalement, c'est la législation contre le travail des enfants, doublée de la création des premiers orphelinats, qui chasse le loueur d'enfants des bas quartiers vers la fin du XIXe siècle.

Louvetier

Au Moyen Âge, quand les bourgs sont encore proches de la forêt, il n'est pas rare que les loups épouvantent les paysans. Les hivers rigoureux poussent les prédateurs à l'intérieur des terres ; ces derniers sont aussi appâtés par les champs de bataille semés de morts. «Les cadavres gisant çà et là, privés de sépulture à cause de leur multitude, engraissèrent les loups qui, après une longue interruption, prirent leur proie parmi les hommes» écrit Raoul Glaber au XIe siècle[3]. Le folklore de l'époque, riche de loups-garous et de monstres sanguinaires hurlant à la lune, témoigne de l'effroi que ces bêtes suscitent (et ce, jusqu'au *Petit Chaperon Rouge* de Charles Perrault, popularisé à la fin du XVIIe siècle).

Comment réagir ? Des lieutenants de louveterie chargés de l'élimination des loups sont mobilisés dès Charlemagne (IXe siècle). Souvent issus de la paysannerie, ils arpentent les forêts et les plaines arbalète à la main, et capturent les bêtes ou les abattent, moyennant compensation. L'objectif est double : rassurer la population, mais surtout protéger les cheptels de vaches, moutons et chevaux, souvent victimes des voraces carnivores. En Angleterre, vers l'an 959, le roi Edgar le Pacifique «dompta les Gallois et, pour tribut, il leur demanda 300 têtes de loups tous les ans[4]». Au XVe siècle, autre sujet de panique : les loups entrent dans Paris ! Les gazettes médiévales font état de l'hécatombe, comme en septembre 1439 : «En celui temps, spécialement tant comme roi fut à Paris, furent les loups si enragés de manger chair d'homme, de femme ou d'enfants que, en la dernière semaine de septembre, étranglèrent et mangèrent 14 personnes [...] ; et s'ils trouvaient un troupeau de bêtes, ils assaillaient le berger et laissaient les bêtes[5]...»

Jusqu'à la Révolution, les traques sont régulières et encouragées par le trône. Les grandes battues royales, d'ailleurs, entament fortement la population de loups. Le Grand Dauphin, fils de Louis XIV, participera à un millier de battues en trente ans, si bien que le *Mercure de France* note en janvier 1688 : «En France, on ne voit que des loups pour tous animaux féroces. Il n'y en a plus guère présentement aux environs de Paris : Monseigneur le Dauphin les en a purgés[6].» En revanche, l'animal continue de semer la terreur en province, notamment dans le pays du Gévaudan (actuelle Lozère) entre 1764 et 1767 : pendant trois ans, une redoutable «bête féroce» – ou plusieurs – y fait près d'une centaine de morts, et le triple de blessés[7]. Les jugeant trop coûteuses, Louis XVI fait disparaître les compagnies de louveterie par une ordonnance royale du 9 août 1787. Ressuscitées par Napoléon, inquiet de l'explosion de la population des loups, elles se sont maintenues jusqu'à nos jours en chassant d'autres bêtes jugées «invasives» – les sangliers notamment. Mais c'est surtout l'urbanisation, dévoreuse des bois et des forêts, qui a eu raison du canidé à l'aube du XXe siècle. Disparu pendant plus d'un siècle, le loup gris a fait sa réapparition en France en 1992 dans les Alpes. On en compte aujourd'hui quelques centaines éparpillées sur le territoire, et, pour des raisons écologiques, les louvetiers ne sont autorisés qu'à en chasser un quota prédéterminé.

M

Mangeur de péchés

L'éclairage du salon a été tamisé. Dans ce petit cottage du Shropshire, à la frontière entre l'Angleterre et le Pays de Galles, on enterre un homme. Nous sommes en 1893. Le cercueil est exposé à la vue de tous – parents, amis, camarades venus rendre un dernier hommage au défunt. Conformément à une tradition vieille de quatre générations, on a placé un «biscuit funéraire» sur la dépouille. Un homme silencieux apparaît.

Cet homme – qui peut aussi être une femme, mais c'est plus rare –, c'est le «mangeur de péchés» (*sin eater*). Aux XVIIIe et XIXe siècles, dans les îles britanniques, il exécute un rite curieux lors de la veillée funèbre. Un morceau de gâteau (ou de fromage) a été religieusement posé sur la dépouille, que le mangeur de péchés avale sous les yeux de tous. On pense que cela débarrasse le défunt de ses mauvaises actions avant son départ vers l'au-delà. Une fois sa pitance terminée, «on lui remettait sa compensation, puis il était immédiatement éconduit et jeté hors de la maison au milieu des exécrations, et une pluie de bâtons, de cendres ou d'autres missiles était la bienvenue[1] ».

Une autre tradition, peut-être plus tardive, voit simplement le mangeur de péchés s'asseoir devant la porte de la maison du défunt, puis se restaurer d'un quignon de pain et d'un peu de bière brune. Après quoi, «il se levait et sollicitait le repos du défunt, contre lequel il mettait en gage sa propre âme». Le principe est le même, et l'absorption des péchés du défunt vise à «l'empêcher de marcher après sa propre mort[2] ». C'est-à-dire de revenir hanter les vivants...

Quelle est l'origine de cet étrange rituel? Les anthropologues s'interrogent. Portant sur ses épaules les fautes de ses contemporains, le mangeur de péchés n'est pas sans rappeler le bouc émissaire biblique: l'animal était symboliquement chargé des malédictions d'une communauté, puis chassé dans le désert. D'autres y voient plutôt le prolongement d'une tradition médiévale - celle qui voyait, lors de l'enterrement d'un noble, les gentilshommes distribuer de la nourriture aux pauvres en échange de leurs prières. Toujours est-il que le mangeur de péchés n'a pas une vie facile. En raison de son gagne-pain macabre, on le dit versé dans la magie noire, les incantations occultes et la communication avec les esprits. Véritable paria, honni par la communauté qui l'emploie, il mène une existence solitaire... Le tout contre une rémunération insignifiante: quatre à six pence, soit près d'un euro d'aujourd'hui. «Les hommes qui se lançaient dans une imposture si hardie devaient être tous des infidèles, capables de vendre leur droit de naissance contre un plat de lentilles[3] » écrit Catherine Sinclair en 1838. Seuls les miséreux s'y emploient, n'ayant d'autre opportunité de se mettre un peu de pain sous la dent.

Les dernières mentions du mangeur de péchés dans les traités des folkloristes se manifestent au début du XXe siècle, avant-guerre, et la coutume ne semble jamais avoir percé en dehors des îles britanniques. En revanche, la tradition de préparer des «gâteaux funéraires» (*burial cakes*) lors des enterrements se maintient aujourd'hui dans l'Angleterre rurale, même s'il est désormais avalé par les invités en deuil, et non le mangeur de péchés...

Marchande d'arlequins

Arlequin, figure haute en couleur de la *commedia dell'arte*, porte un habit rapiécé composé de pièces d'étoffes de différents coloris. Selon la tradition, c'est en raison de sa pauvreté ; ne pouvant s'offrir un costume complet, il épingle des morceaux de tissu les uns aux autres. C'est aussi la logique de la marchande d'arlequins, chiffonnière des plats parisiens. Dès le XVIIIe siècle mais surtout à la fin du XIXe, on la voit tirer son chariot devant les terrasses des restaurants bourgeois, des auberges, des gargotes, des hôtels... Que convoite-t-elle donc ? Les restes, ou «rogatons» – os encore enrobés de viande, légumes oubliés, poissons squelettiques... Rescapés des tables riches, ces restes lui sont confiés par les restaurateurs contre une bouchée de pain. Puis la marchande d'arlequins s'installe aux Halles en mettant en évidence sa pêche du jour, avec au premier plan ses plus belles trouvailles, tout droit sorties des cuisines réputées ! Souvent, tous ces ingrédients sont plongés dans la même marmite où ils composent une tambouille qui a tout de la soupe populaire... Dans un contexte de misère rampante, il va sans dire que ces marchandes attirent une clientèle affamée et fort nombreuse. «Le moins fortuné des gueux peut ainsi goûter à la table des riches[4].» Mais la pratique s'évanouit sans demander son reste au début du XXe siècle.

Mégotier

Occupation pauvre des métropoles de la fin du XIXe siècle, le ramasseur de mégots (on dit aussi «cueilleur d'orphelins») vend du tabac de seconde main. À l'époque, la cigarette n'a pas encore supplanté la pipe ni la chique; la distribution gratuite de tabac gris aux Poilus, synonyme de réconfort dans les tranchées de 1914-1918, démocratisera bientôt son usage. Mais l'attrait de la nouveauté est bien présent. Témoin des mœurs parisiennes dans les années 1870, un observateur décrit les mégotiers dans leur élément: «Ces derniers ramassent partout, dans le ruisseau, dans les vespasiennes. Ça leur est égal. Rentrés chez eux avec leur moisson, ils [...] confectionnent une mixture que les balayeurs et les "travailleurs de nuit" [chiffonniers, hommes des Halles] déclarent bien supérieure au tabac de la Régie, et qui, en tout cas, leur coûte moins cher[5].»

À Londres, à la même époque, les ramasseurs de bouts de cigare (*cigar-end finders*) sont des gamins irlandais qui arpentent Ratcliff Highway, Mile End Road ou Regent Street à la recherche de mégots. Ils peuvent espérer un shilling en récupérant un kilo de tabac d'occasion. Bien souvent, c'est une occupation de vagabond, ou une tâche que les chiffonniers prennent à leur compte. Le terme de «mégotier» se mue même en insulte, taxant celui qui en est la cible de paresse ou de pingrerie. Ne dit-on pas aujourd'hui d'un grippe-sou qu'il «mégote»?

Messager

Si le facteur n'a plus grand-chose à craindre de nos jours, ce ne fut pas toujours le cas. Dès l'Antiquité, des messagers investis de missions périlleuses taillent la route à dos de cheval, de dromadaire, ou à la force des mollets. Il est de coutume pour les courriers grecs de courir jusqu'à leur destination : le plus célèbre d'entre eux, Philippidès, parcourt 42 kilomètres au pas de course pour annoncer aux Athéniens la victoire des Grecs à Marathon. « Ils disent qu'il arriva à Athènes encore tout fumant du sang des ennemis, raconte Plutarque ; qu'il tomba de fatigue à la porte des magistrats, à qui il ne dit que ces paroles : "Réjouissez-vous, nous avons vaincu" et qu'il tomba mort à leurs pieds[6]. »

C'était en 490 av. J.-C., au terme d'une bataille décisive contre les Perses. Les guerres médiques, cependant, n'en sont qu'à leurs balbutiements, et la tâche de livrer de mauvaises nouvelles incombe toujours aux hémérodromes – porteurs de courrier grecs et romains – qui courent là un grand risque. Dix ans après Marathon, Xerxès, roi de Perse, se refuse à en déployer en Grèce pour éviter de verser inutilement leur sang. « Xerxès ne dépêcha point de hérauts à Athènes et à Sparte pour exiger la soumission de ces villes, explique Hérodote. Darius [son prédécesseur] leur en avait envoyé précédemment pour ce même sujet ; mais les Athéniens les avaient jetés dans le Barathre [fossé d'Athènes où l'on précipite les condamnés à mort], et les Lacédémoniens dans un puits, où ils leur dirent de prendre de la terre et de l'eau, et de les porter à leur roi[7]. »

Le sacrifice de messagers perdurera sous l'Antiquité romaine. Engagé dans un conflit de longue date contre le Royaume du Pont (actuelle Turquie), le général romain Lucullus enjambe le Tigre et envahit l'Arménie vers l'an 71 avant notre ère. Un héraut se dépêche d'en avertir Tigrane, le souverain local : « Le premier qui vint apporter à Tigrane la nouvelle de l'approche de Lucullus n'eut pas à s'en féliciter ; il le paya de sa tête[8]. » Par ailleurs, en qualité d'émissaires souvent porteurs de missives diplomatiques de la plus haute importance, ils peuvent être capturés par l'ennemi et leurs messages interceptés. Raison pour laquelle on privilégie des messages oraux plutôt qu'écrits, ainsi que le reconnaît Éginhard, contemporain de Charlemagne: «à mon avis, un homme fidèle est encore plus sûr qu'une lettre; car tout le monde sait qu'une lettre, si elle échappe à celui qui la porte, divulgue aussitôt tout ce qu'elle renferme, tandis qu'un messager fidèle résiste à la torture même, plutôt que de trahir ce qui lui est confié[9] ». Tant mieux: la punition encourue pour vente de secrets à l'ennemi (ou la divulgation de fausses nouvelles) est généralement la mort, ou au mieux, la langue percée et la lèvre marquée au fer rouge... Durant le Moyen Âge, les messagers sont souvent indissociables des espions, raison pour laquelle on s'en méfie copieusement[10].

Les hérauts du Moyen Âge tardif rencontrent davantage de bienveillance. D'abord, parce que les codes de la chevalerie exigent qu'on les respecte; ensuite, parce qu'une tâche nouvelle leur est confiée à partir du XIIe siècle – celle d'annoncer les joutes officielles. Chargé de repérer au premier coup d'œil les armoiries des concurrents, afin de les proclamer à la foule, le héraut enfantera l'héraldique, l'étude des blasons. Puis, avec l'expansion des cités, le messager n'est plus seulement tourné vers l'extérieur: c'est aussi le «crieur» qui annonce, sur la place publique, les nouvelles lois, les jours de marché, les horaires des messes ou le prix du vin. Détenteur de l'autorité royale, il est protégé en Angleterre et la moindre menace qui le vise est considérée comme un acte de trahison. C'est enfin, toujours au Moyen Âge, l'arbitre du champ de bataille, qui proclame la victoire de l'un ou de l'autre camp. Tâche dangereuse, près des moulinets dévastateurs des armes: ainsi, précise un manuel pratique du XVe siècle, les hérauts «doivent se trouver au plus près possible du combat pour voir combattre les plus vaillants, tant d'une part que d'autre». En observateurs habiles et impartiaux, ils transcrivent plus tard l'histoire du combat: «Quand vient la déconfiture, ils doivent regarder lesquels s'enfuient et en avoir mémoire; et quand la besogne est finie, ils doivent compter et identifier les morts, du moins ceux de qualité[11].» Des manuels d'histoire ambulants, en quelque sorte.

Mais les services des messagers ne se démocratisent pas pour autant. Loin de là. Rappelons qu'il s'agit d'une époque où la communication est exclusivement orale; seuls les monastères et les universités entretiennent une correspondance écrite. La plupart du temps, les messagers sont réservés à l'aristocratie et aux décisionnaires: le roi d'Angleterre Henri VIII se dote d'un Maître des Postes en 1538, tandis qu'en France, c'est Louis XIV qui démocratisera la pratique, épluchant les correspondances de la cour versaillaise au sein de son ténébreux «Cabinet Noir»! Comment, alors, prendre des nouvelles d'un lointain parent? Jusqu'à la Renaissance, il est coutumier de voir une personne confier sa missive au premier quidam venu, simplement parce que ce dernier chemine dans la bonne direction - un marin vers son port d'attache, un soldat en campagne, un simple vagabond... Ce n'est qu'en 1840 que le timbre-poste fait son apparition - le *black penny*, à l'effigie de la reine Victoria - ainsi que les premiers trains postaux, favorisés par l'industrialisation de masse. Les boîtes aux lettres «publiques» sont inventées peu ou prou à la même époque, en Angleterre à l'initiative de l'écrivain Anthony Trollope, en 1852: travaillant comme receveur des postes (on lui remet en main propre le courrier à distribuer), il préfère faire installer des «piliers à lettres» sur les îles voisines, dont l'accès, tributaire des marées et de la météo, est incertain. C'est ainsi que les fameuses boîtes aux lettres rouges, typiques des centres-villes anglais, se répandent comme une traînée de poudre.

Dans les territoires plus isolés, la fonction de messager perdure. Au moment de l'introduction du *black penny* en Angleterre, la Ruée vers l'or galvanise les pionniers américains. Mais le réseau routier est quasi inexistant ; le courrier part généralement à bord d'une diligence vers les terres en friches de l'Ouest. Flairant le bon filon, trois entrepreneurs décident d'établir, en 1860, un relais postal entre le Missouri et la Californie – le fameux Pony Express. Un seul impératif guide leur entreprise : la vitesse ! Les cavaliers (qui doivent peser moins de 57 kilos) ne portent qu'une sacoche pouvant renfermer neuf kilos de missives. Un revolver et une outre d'eau complètent leur équipement sommaire. À peu près le même dénuement que celui des messagers antiques, et les mêmes dangers : ces chétifs cavaliers ont à redouter les embuscades des Indiens et les pièges naturels de ces routes mal défrichées. « Orphelins privilégiés » précisent les petites annonces qui les recrutent...

Enfourchant une monture fraîche tous les 150 kilomètres environ, les messagers à cheval du Pony Express mettent en moyenne dix jours pour avaler les 3 000 kilomètres du trajet. Le record absolu est détenu par un certain Robert « Pony Bob » Haslam, qui transporta le discours inaugural de Lincoln en sept jours et dix-sept heures, alors que les moyens de transport traditionnels demandaient au moins vingt-cinq jours de trajet sur la même distance... Malgré ces performances ébouriffantes, le Pony Express disparaît au bout de dix-huit mois, fragilisé par le déclenchement de la Guerre de Sécession et surtout supplanté par le télégraphe transcontinental, établi en octobre 1861.

En moins d'un demi-siècle, le muscle mécanique prendra le relais. Le train, la voiture et bientôt l'Aéropostale décuplent la vitesse du courrier ; le temps des chevaux est passé, celui des chevaux-vapeur est arrivé.

Moine copiste

Dans la tradition ecclésiastique, la douleur liée au labeur permet d'expier ses péchés ; accablée d'une souffrance rédemptrice (*salvifici doloris*), la chair ne se laissera pas aller aux excès redoutés. C'est pour cette raison que les monastères regorgent d'activités manuelles dès le Moyen Âge : brassage de la bière, élevage de volaille, culture des champs, tissage de vêtements... Des activités entrecoupées de temps de prière et de repas silencieux. « C'est alors qu'ils seront vraiment moines, lorsqu'ils vivront du travail de leurs mains, à l'exemple de nos pères et des Apôtres » recommande Benoît de Nursie, qui édicte vers l'an 530 un code gouvernant l'activité des monastères[12]. En ermites, cultivant une relation exclusive avec Dieu, les moines appliquent rigoureusement la règle de Saint-Benoît.

Parmi eux, certains sont employés au recopiage des livres : ce sont les copistes, ou scribes. Véritable profession de foi, la pratique est attestée depuis la période carolingienne, les plus vieux manuscrits étant reproduits dès le Ve siècle. Il était temps : la culture romaine antique, en perdition, put ainsi trouver refuge dans les bibliothèques des monastères... L'imprimerie n'existant pas encore, les livres sont copiés et reliés à la main, avec des prouesses d'illustrations et d'enluminures, véritable dentelle d'encre sur parchemin. Dans une pièce spéciale, le *scriptorium*, conçu pour être baigné de lumière, les moines s'installent sur un banc face à leur écritoire, et trempent leur plume dans l'encrier. Puis ils recopient mot à mot, patiemment, l'ouvrage qui leur a été confié. Il s'agit souvent de recueils religieux ou liturgiques, plus rarement de traités d'arithmétique, de géographie, de littérature ou d'histoire. Une œuvre sainte, certes, mais ô combien pénible et répétitive !

Quelle est la productivité des moines ? Pas plus de cinq pages – environ 200 lignes – par jour. À ce rythme, il faut environ un an pour copier une Bible. Preuve de l'ardeur de leur tâche, certains scribes se défoulent dans les marges des manuels sur lesquels ils sont penchés. On y déchiffre de nombreuses invocations, autant d'appels au secours : « Dieu merci, il fera bientôt nuit » écrit l'un d'entre eux. « Maintenant que j'ai tout recopié, pour l'amour du Christ, qu'on me donne à boire » implore un autre. « Aussi bien que le port au marin, la dernière ligne est bienvenue au scribe » philosophe un troisième[13]. Ces brèves plaintes sont d'autant plus audacieuses que l'atelier est supervisé par un contremaître. D'autres encore ajoutent des dessins obscènes ou chatouillent les versets saints...

À partir du XIIe siècle, la fondation des premières universités, toujours chapeautées par l'Église, entraîne une hausse de la demande de manuscrits. Il s'agit, après tout, de matériel pédagogique ! L'activité des scribes s'établit en corporation laïque : ces derniers côtoient parcheminiers, relieurs et enlumineurs, formant une véritable industrie du livre. Ce n'est plus une profession réservée aux serviteurs de Dieu. Lorsque Gutenberg introduit l'imprimerie dans les années 1440, tout un monde vacille. Il paraît même que les scribes parisiens, de peur d'être mis au chômage, se seraient mis en grève... La copie traditionnelle va cependant se maintenir jusqu'au XVIIe siècle, les souverains exigeant encore des manuscrits richement décorés, couverts de feuilles d'or et sertis de pierres précieuses – et les monastères persévérant dans cet exercice pieux qui soigne l'âme. Dans la marge d'un vieux manuscrit de l'abbaye de Saint-Gall, en Suisse, un moine a griffonné la pensée d'une génération de copistes : « *Libro completo, saltat scriptor pede laeto* », le livre terminé, le copiste saute de joie[14].

Muet funèbre

Chaque civilisation a sa façon de considérer le deuil. Imprégnée de ses coutumes, elle nous renseigne ainsi sur son rapport à la mort et à l'au-delà. Tantôt bruyante et éplorée, tantôt discrète et effacée, la célébration du trépas varie selon les époques et les cultures. Une profession apparue en Angleterre dans les années 1850 l'illustre parfaitement : celle de muet funèbre.

Assistant du fossoyeur, entièrement vêtu de noir et souvent coiffé d'un haut-de-forme, il est chargé de se poster à l'entrée d'une maison en deuil et d'accompagner le corbillard sans mot dire, affichant une sombre mine de circonstance. Évidemment, c'est rarement une occupation à plein temps, mais elle permet aux laboureurs de l'arrière-pays anglais d'en tirer un complément de revenu (et du gin gratis lors de la veillée funèbre). Charles Dickens, dont le héros Oliver Twist campe un muet funèbre habitué des enterrements d'enfants, ironise également dans *Martin Chuzzlewit* : « À la porte de la maison étaient deux muets, se donnant l'air aussi triste qu'on pouvait raisonnablement l'exiger de gens qui faisaient une si bonne affaire[15]. »

N o

Nain de cour

La cour de Stanislas, duc de Lorraine au XVIIIe siècle, est égayée par un drôle de personnage : un certain Nicolas Ferry, surnommé Bébé. Il s'agit d'un nain dont la croissance s'est arrêtée à 89 centimètres, et qui a pour habitude d'effectuer ses déplacements officiels dans un carrosse tiré par un attelage de chèvres.

S'agit-il d'un cas isolé ? Plutôt d'une mode : du XVIe au XVIIIe siècle, les cours impériales et princières (celles de Suède, d'Espagne, de Russie, d'Angleterre, de Pologne, d'Allemagne…) raffolent de ces « nains de cour », gratifiés de sobriquets humiliants, que l'on juge si divertissants. Catherine de Médicis en possède au moins cinq, tandis que le tsar Pierre le Grand en entretient plus de 90 ! À l'époque, offrir un nain à un souverain est un gage d'amitié et de respect. Tallemant des Réaux (XVIIe siècle) raconte que l'infante d'Autriche Claire-Eugénie fit cadeau d'une naine à la reine, dissimulée dans une cage à oiseaux recouverte d'un voile. «Le gentilhomme qui la lui présenta dit que c'était un perroquet, et offrit à la Reine, pourvu qu'on n'ôtât point la couverture, de peur de l'effaroucher, de lui faire faire par ce perroquet un compliment en cinq ou six langues différentes[1].» Mais la reine, soupçonnant la duperie, retire la couverture et découvre la naine, créant la stupeur – et l'enthousiasme – parmi les courtisans. Souvent mis en scène, chantant et dansant, exhibé lors de cérémonies officielles, paré de costumes ridicules mais aussi dorloté par les princes et les princesses telle une poupée vivante, le nain connaît une existence de courtisan, à l'abri du besoin... Mais pas des sarcasmes.

Le parcours de Sir Jeffrey Hudson, nain à la cour de Charles Ier d'Angleterre, reflète tristement cette déshumanisation. Surnommé Lord Minimus, il est d'abord adulé pour son esprit vif et son aspect insolite, et combat même lors de la Grande Rébellion. Agacé par les mauvaises plaisanteries, il va cependant abattre un homme en 1644 : tombé en disgrâce, il est capturé par des pirates et meurt dans l'indigence. De même un certain Joujou, qui a le privilège de sauter sur les genoux de tout le gratin d'Europe orientale au XVIIIe siècle, est ostracisé par la noblesse polonaise parce que sa maîtresse, enceinte, craint à trop le fréquenter de donner naissance à un nain. «On se tromperait cependant beaucoup si l'on s'imaginait que, séduit par les bontés qu'on avait pour moi et uniquement occupé des plaisirs qu'on me procurait, je n'éprouvasse pas quelquefois des sentiments pénibles» confiera-t-il dans ses *Mémoires*[2]. Si les personnes de petite taille quittent au XVIIIe siècle les genoux de l'aristocratie, ils se reconvertissent en divertissements de foire ou de cirque dans les *freak shows* itinérants qui essaiment villes et campagnes jusqu'à la seconde moitié du XXe siècle.

Nourrice

Étymologiquement, la «nourrice» (du latin *nutrix*) est celle qui nourrit, sous-entendu, celle qui allaite l'enfant en bas âge. Dans l'Occident médiéval et jusqu'aux Temps modernes, donner le sein n'est pas une tâche pour la mère légitime de l'enfant : les aristocrates, en tout cas, pensent que c'est aux brebis et aux vaches d'allaiter leur progéniture. Quant aux ouvriers et aux commerçants, ils ont suffisamment de travail pour se résoudre à laisser partir, quelque temps, le nourrisson. Alors on le confie à une nourrice, bien souvent retirée à la campagne, parfois résidente «sur lieu» chez ses employeurs. La sélection est méticuleuse : on pense alors que les qualités de l'allaitante iront à l'enfant... Souvent, une poitrine rose et rebondie est de bon aloi. On déconseille les rousses, réputées pour avoir le lait aigre. Les médecins qui auscultent les nourrices avant de leur fournir une accréditation vont jusqu'à goûter leur lait.

La tendance de «mise en nourrice» connaît une brusque expansion au XVIIIe siècle : à Paris, en 1780, seul un enfant sur 20 est allaité par sa mère. C'est l'âge d'or de «l'allaitement mercenaire» et de la légende noire des nourrices, rendues responsables d'une grave augmentation de la mortalité infantile. Décédés en route, tombés des charrettes, accablés par le froid, maltraités par des nourrices débordées ou inconscientes, leur hygiène négligée : les nourrissons ne survivent pas bien longtemps. Une certaine Marie Bienvenu, localisée en banlieue parisienne, cause la mort de 31 enfants en trente mois d'exercice. Il faudra les appels indignés de Jean-Jacques Rousseau (*Émile ou De l'éducation*, 1762) et de nouveaux textes de loi encadrant la profession (loi Roussel, 1874) pour faire chuter cette mortalité alarmante, et précipiter le retour des bambins en ville... Désormais formées pour subvenir aux besoins de l'enfant, les nourrices urbaines du XIXe siècle peuvent espérer de meilleurs gages, bien que le salaire moyen dépasse rarement les 12 francs par mois. Très réputées, les nourrices du Morvan désertent la capitale après plusieurs années de labeur, et utilisent leurs appointements pour faire bâtir des retraites à la campagne que l'on appelle, aujourd'hui encore, « maisons de lait ». De nos jours, la fonction est rentrée sous le statut d'assistante maternelle. Les nourrices se consacrent exclusivement au soin, à la garde d'enfant et à l'éducation.

Oracle

L'Antiquité gréco-romaine fait la part belle aux prodiges, prêtresses et autres mages capables de double-vue. Les citoyens les consultent pour trancher les décisions qui les préoccupent : le mariage, la guerre, les affaires... et souvent, « l'inspiration prophétique » de ces êtres supérieurs requiert une vie chaste et isolée. C'est le cas de la Pythie, prêtresse d'Apollon à Delphes : « On exige que la Pythie se conserve pure de toute union charnelle, qu'elle vive constamment isolée, et loin de tout commerce avec une personne étrangère » note Plutarque au IIe siècle[3]. Ses prédictions sont écoutées avec attention. Ainsi le riche Crésus, roi des Lydiens, menacé par l'Empire perse voisin, vient l'interroger pour savoir s'il devrait passer à l'attaque. D'après Hérodote, qui écrit au Ve siècle av. J.-C., on lui prédit alors que « s'il entreprenait la guerre contre les Perses, il détruirait un grand empire[4] ». Soulagé, le prince lydien se met sur le pied de guerre, et se retrouve rapidement déconfit. L'empire dont on lui avait prédit la destruction se révèle être... le sien.

Reflet d'une tradition similaire, à Rome, le collège des vestales est institué dès le VIIe siècle av. J.-C. Prêtresses de la déesse du foyer Vesta, elles entretiennent un feu sacré au cœur du temple, dont on dit qu'il assure les fortunes de l'Empire. Choisies entre l'âge de six et dix ans, elles font vœu de chasteté et de pureté pendant les trente années suivantes… et gare aux contrevenantes ! Comme il est interdit de verser le sang d'une vestale, les suspectes d'actes de chair sont enterrées ou emmurées vivantes. Ainsi l'empereur Domitien « réprima de diverses manières et avec sévérité les incestes des vestales » (ici, le mot « inceste » prend le sens d'« acte impur[5] »). En tant que gardiennes, investies de pouvoirs magiques, elles sont en première ligne des accusations lorsque Rome essuie de sérieux revers, et leur supplice permet de rassurer le peuple. En ce sens, l'oracle, intermédiaire des dieux, joue le rôle d'une sacrifiée.

Différentes versions de l'oracle antique traversent d'autres cultures – le druide de la civilisation celte, le *kuten* tibétain, les interprètes de runes dans les cultures nordiques. L'essor du christianisme balaye les oracles païens, et à la fin du XVIIe siècle, Fontenelle les enterre définitivement dans son *Histoire des oracles* (1686) en dénonçant leurs pratiques nourries de superstition et de surnaturel. Pourtant la culture chrétienne reste perméable aux prédictions : en témoigne le vif succès des *Prophéties* de Michel de Nostredame, dit Nostradamus, ou les cours mêlées de mystiques et de devins qu'entretiennent les monarques européens en pleine Renaissance, à l'instar de Catherine de Médicis. Un mariage politico-ésotérique fait pour durer : durant leur présidence respective, François Mitterrand et Ronald Reagan eux-mêmes consulteront des astrologues, acceptant de soumettre certains choix politiques à l'assentiment des étoiles[6]…

P

Pêcheur de sangsues

Si de nos jours, la sangsue n'a pas bonne presse, le Moyen Âge, friand de saignées et autres thérapies sanguinolentes, la considérait comme une précieuse alliée du corps médical. Dès l'an mil, le *Canon* d'Avicenne, spectaculaire traité médical en cinq volumes, les préconise pour soigner un certain nombre de maux, en particulier les maladies de la peau. Le chirurgien français Guy de Chauliac précise au XIVe siècle que les sangsues « évacuent les humeurs [...] qui sont dans la région moyenne entre le profond [les organes] et la superficie du corps [la peau][1] ». Problème : les sangsues ne courent pas les rues et encore moins les échoppes des apothicaires... Raison pour laquelle on leur préfère longtemps les saignées, plus économiques, exécutées en un tour de main par les barbiers-chirurgiens.

Pour répondre à cette nouvelle demande, les praticiens de l'hirudothérapie se tournent vers des fournisseurs de choix.

Souvent, ces derniers résident près de marais, de lacs ou d'eaux stagnantes – terrains que la *Hirudo medicinalis*, ou sangsue médicinale, affectionne tout particulièrement. Comment l'attraper ? Le moyen le plus simple, pour le pêcheur, consiste à patauger jambes nues dans la tourbière et à attendre que des sangsues assoiffées viennent y mordre... Attention, animaux voraces : elles peuvent boire jusqu'à dix fois leur poids en sang et jeûner ensuite pendant deux ans. Une fois repues, les sangsues libèrent leur proie, laissant une légère marque de morsure en forme de Y sur la peau. Mieux vaut attendre qu'elles aient fini leur déjeuner ; les retirer de force risquerait de corrompre la qualité de la sangsue... et donc de réduire sa valeur marchande.

Il suffit ensuite de les collecter dans une jarre prévue à cet effet. Après avoir perdu jusqu'à un litre de sang, les pêcheurs de sangsues sont accablés de maux d'estomac et autres pertes d'équilibre. Les empoisonnements du sang sont aussi fréquents. En effet, si une sangsue prélève au maximum 15 millilitres du précieux liquide, sa salive anticoagulante empêche les plaies de se refermer pendant quatre à douze heures après le retrait de la bête.

La pratique va largement survivre aux lumières de la Renaissance et aux nouvelles pratiques médicinales. Au XIXe siècle, une « manie des sangsues » enflamme l'Europe. Les hôpitaux parisiens en consomment près de six millions par an – un usage intensif qui engendrera nombre de cicatrices et de complications médicales. Face à cette forte demande, la « pêche au sang » doit évoluer. On ne prend plus la peine de s'immerger dans les eaux stagnantes, mais on y précipite un appât vivant – vache, cheval ou âne, souvent en fin de vie – qui pourra en récolter bien davantage. Dans les campagnes d'Europe, la besogne est encore effectuée de manière traditionnelle jusqu'au

XXe siècle. Le poète William Wordsworth immortalise un cueilleur de sangsues après en avoir rencontré un dans l'arrière-pays anglais, en 1807 : « Il me dit qu'il pêchait dans cette eau des sangsues/Depuis qu'il était vieux, il travaillait ainsi/Que de peines ! Combien de recherches déçues !/La besogne était rude et bien chanceuse aussi[2]. » Rude, la besogne l'a vraisemblablement toujours été.

Du fait d'une demande exponentielle, les bassins de reproduction des sangsues ne tardent pas à s'assécher, allant jusqu'à ranger l'animal parmi les espèces européennes menacées. À la fin du XIXe siècle, les médecins européens se tournent vers des producteurs hongrois, russes ou scandinaves. En France, la « pêche au sang » est attestée jusqu'en 1930. On trouve encore des jarres d'escargots ou de sangsues sur les comptoirs des barbiers ou des pharmaciens jusqu'à la fin du siècle... et l'application de sangsues peut s'ordonner aujourd'hui encore, sur prescription médicale. Mais de nos jours, elles sont élevées dans les aquariums de larges « fermes à sangsues », dans un environnement stérile et régulé électroniquement, avant d'alimenter hôpitaux et cliniques.

Pleureuse

Le deuil a longtemps été perçu comme une manifestation bruyante de chagrin. C'est pour cette raison que, dès l'Antiquité, on observe des pleureuses professionnelles se mêler au cortège funéraire. D'abord dans la tradition juive, commandée par les Écritures (le *Livre des lamentations* de Jérémie, dont est extrait ce passage - 9:17 -, donnera d'ailleurs naissance aux plaintes sonores que l'on connaît sous le nom de « jérémiades »...) : « Ainsi parle l'Éternel des armées : Cherchez, appelez les pleureuses, et qu'elles viennent ! Et mandez les femmes sages, et qu'elles viennent ! Qu'elles se hâtent de dire sur nous une complainte ! Et que les larmes tombent de nos yeux, que l'eau coule de nos paupières ! » Leur rôle est simple : s'éplorer sur la dépouille au cours d'une mise en scène soignée. Que les larmes coulent, que les sanglots soient sonores : il ne faut pas verser dans la demi-mesure ! En Égypte antique, ce rite très populaire, observé notamment sur les tombeaux de Saqqarah (1330 av. J.-C.), fait écho à une mythologie bien particulière. La mort est considérée comme un passage, une succession d'épreuves dont le défunt doit triompher pour entrevoir le salut de l'immortalité. Alors deux pleureuses, représentant les déesses Isis et Nephtys – deux déesses-sœurs qui auraient rassemblé les parties du corps d'Osiris, démembré par Seth, afin de le pleurer –, se joignent à la procession pour lui servir de guide. Seules conditions d'accès : elles ne doivent pas avoir mis au monde et portent, tatoué sur l'épaule, le nom de la divinité qu'elles incarnent.

Les bas-reliefs gréco-romains immortalisent également le cortège funéraire. La cohorte de pleureuses (*præficæ*), en avant de la procession, est commandée par une femme qui donne le ton des lamentations, comme une cheffe d'orchestre. Leurs jérémiades louent les vertus du défunt, « où le mensonge et la flatterie n'étaient pas épargnés[3] ». Derrière elles s'avancent les pantomimes, acteurs masqués, qui imitent le trépassé et le rappellent, quelques instants durant, à la vie. L'estime portée au défunt se manifeste alors dans la grandeur de la procession, qui ne concerne généralement que les citoyens issus d'une classe sociale aisée. Pour honorer leurs morts, les grands aristocrates romains organisent des combats d'esclaves sur la tombe de leurs aïeux (coutume qui donnera naissance à la gladiature) et des manifestations de chagrin qui frôlent parfois l'hystérie. On observe des

« pleureuses à gages » s'arracher les cheveux, se griffer le visage jusqu'au sang dans un sursaut de réalisme. Cicéron s'indigne de « toutes ces différentes et ridicules manières de marquer le deuil ; ces lamentations, ces cris affreux de femmes, ces joues déchirées, ces seins meurtris ; ces têtes échevelées, ces habits en lambeaux[4] ». Devant tant de théâtralisation, les autorités sont contraintes d'intervenir pour rendre aux funérailles un tant soit peu de solennité et de sobriété. Au VIe siècle avant notre ère, le législateur Solon défend aux pleureuses « de se meurtrir le visage aux enterrements, de faire des lamentations simulées, d'affecter des gémissements et des cris en suivant un convoi, lorsque le citoyen décédé n'était pas leur parent[5] ».

La coutume semble perdre en popularité après la chute de l'Empire, même si elle reste prégnante en Orient, notamment en Chine (où il s'agit aujourd'hui encore d'une profession respectable). Elle continue cependant de se manifester sporadiquement ailleurs. Au Moyen Âge, les débordements liés à la douleur aigüe du trépas – fût-elle réelle ou simulée – obligent parfois les autorités à intervenir. C'est le cas à Tarbes au XIIIe siècle, où ces dernières interdisent « à toutes personnes de crier et lamenter au retour d'un enterrement [sous peine d'une amende de] de deux sols tournois envers le seigneur[6] ». D'autres crieurs d'enterrement exercent encore, notamment dans le Midi, à la faveur de traditions entretenues localement. La pratique reste très localisée. L'hystérie resurgit sous la plume d'un certain Adolphe d'Assier, témoin de funérailles dans l'Ariège, en 1884 : « À peine le corps est-il déposé à terre, que le chœur des mantes noires, s'agenouillant à l'entour, se laisse aller à toutes les extravagances du désespoir. Leurs bras, alternativement levés vers le ciel et retombant de tout leur poids, rencontrent chaque fois le cercueil et le font résonner d'une façon lugubre[7]. »

Une question demeure : ce métier était-il exclusivement féminin ? D'après les anthropologues, il a longtemps été socialement plus acceptable pour les femmes d'exprimer du chagrin et de l'émotion lors des enterrements, raison pour laquelle le rôle de pleureuse leur a été – et leur est encore, dans certains pays d'Asie et d'Afrique – dévolu. Dans la tradition antique et médiévale, il est attendu de l'homme, en tant que chef de famille, de se montrer moins vulnérable ; « l'anormale agitation des sens[8] » est considérée, jusqu'au XIXe siècle, comme une caractéristique féminine…

Porte-coton

« Sire, voilà l'heure. » Il est huit heures trente lorsque Louis XIV est réveillé par un de ses valets. Commence alors un long protocole : visite du médecin et du chirurgien du roi, entrée des domestiques pour la toilette, accueil de quelques courtisans triés sur le volet… Ainsi va l'étiquette royale, qui laisse rarement une minute de repos à nos chers souverains. S'activant à mille obligations, ces derniers sont en permanence assistés de leurs serviteurs, même dans les tâches les plus intimes. C'est le cas du porte-coton, qui accompagne le roi alors que ce dernier s'exécute sur sa chaise percée.

Son rôle est d'apporter au monarque ses effets de toilette, au premier rang desquels le papier toilette d'époque – généralement de l'étoupe de lin, du coton ou de la soie. Il est accompagné en cette besogne par les porte-chaise qui, une fois le rituel terminé et après mûr examen des médecins, évacuent les royales selles. Sous le règne de Louis XIV, accompagner le monarque dans cette tâche est un véritable privilège, pour lequel les courtisans payent cher. Pouvant débourser jusqu'à cent mille écus pour y être autorisés, ces derniers se voient distribuer un brevet d'affaires. On ne parle pas de petit coin, ni même de «chaise percée» mais de chaise d'affaires pour désigner cet office ritualisé, où l'on joue parfois de la musique et auquel les dames sont conviées. Même le trône a de l'allure: c'est généralement une pièce finement ouvragée et sculptée, avec des finitions en velours. Voilà qui a davantage de noblesse... Ce qui n'est pas partout le cas à Versailles, comme le prouve cette ordonnance de 1720 interdisant «à toutes personnes de faire leurs ordures dans aucun endroit des Salles et Garderies du Palais», infraction quotidienne qui va «non seulement contre le respect dû à la Cour mais aussi cause une infection extraordinaire[9]». Déculotté par la Révolution, le porte-coton reprend brièvement du service sous Louis XVIII (lequel a été immortalisé par une caricature d'Horace Vernet en 1846) et Charles X, avant que la fonction ne disparaisse pour de bon.

Outre-Manche, on appelle le porte-coton *groom of the stool* (littéralement, «garçon de tabouret» ou «garçon de selles»). C'est un poste tout aussi prestigieux qu'en France: par sa position privilégiée, ce serviteur du trône partage bien des secrets et se mêle parfois de politique. Autant dire qu'il s'agit d'un tremplin idéal pour faire carrière. Nombreux sont anoblis, et le porte-coton de Georges III, John Stuart, finira même par devenir Premier Ministre en 1762. Au XVIe siècle, Henry VIII, cherchant à faire condamner son épouse Anne Boleyn, l'accuse d'adultère avec son porte-coton: le malheureux Henry Norreys est exécuté en 1536. Notons d'ailleurs qu'en cette posture intime et avec une sécurité minimale, tout monarque est à son plus vulnérable: le roi Edmond II «Côte-de-Fer» est poignardé à deux reprises en 1016 alors qu'il s'affairait sur sa chaise percée. Peu à peu, de responsable de l'hygiène intime du souverain, la fonction de porte-coton glisse vers celle de courtisan, de confident ou de simple responsable de la garde-robe royale. Mais comme en France, on la recense en Angleterre jusqu'au XIXe siècle.

Porte-drapeau

Si on les aperçoit aujourd'hui dans les défilés et les commémorations, il fut un temps où les porte-drapeaux n'avaient pas qu'une fonction symbolique. Dans les armées romaines, on les appelle *signiferi* : chaque légion est identifiée par un insigne particulier, reprenant généralement l'aigle de bronze. À quelles fins ? La cohésion, d'abord : les légionnaires s'enorgueillissent de leur rapace, symbole de fierté et d'unité. Mais il s'agit surtout d'un impératif stratégique. Un général n'a qu'à survoler du regard l'étendue du champ de bataille pour estimer les forces en présence... et commander le repli ou l'action nécessaire.

L'importance capitale que revêt le porte-drapeau dans le succès d'une entreprise militaire en fait une cible de premier choix. D'ailleurs, encombré de son étendard, le soldat qui en hérite est généralement désarmé... On confie donc cet honneur à des hommes valeureux, qui préfèrent défendre leur patrie que leur corps. Au XIVe siècle, c'est Geoffroi de Charny – d'après Froissart : « le plus preudomme [courageux] et le plus vaillant de tous » – qui porte l'oriflamme des rois de France. Occis en 1356 à la bataille de Poitiers, il reste crispé à « la souveraine bannière » jusqu'à ce qu'il rende l'âme... Assurément, une fin digne des plus preux chevaliers[10].

S'il est prestigieux de porter l'emblème du régiment, le perdre équivaut à une disgrâce. Et à un moral des troupes en berne. À l'inverse, la capture du drapeau est un fait d'armes notable. Lorsque le sergent écossais Charles Ewart arrache, le 18 juin

1815 à Waterloo, l'aigle impériale des mains d'un hussard napoléonien, il est aussitôt couvert d'honneurs. Cependant, le progrès des communications rend obsolète l'emploi du porte-étendard, consigné au rôle d'emblème à la fin du XIXe siècle après avoir été aperçu sporadiquement dans les batailles napoléoniennes ou la Guerre de Sécession américaine...

Porteur

Dans la bande dessinée *Astérix* d'Albert Uderzo et René Goscinny, le chef gaulois Abraracourcix se déplace rarement sur ses deux pieds. Bien installé sur son bouclier, il est transporté en tout lieu par deux porteurs... même au cœur d'une bagarre générale ! Faudrait-il y voir quelque vérité historique ? L'élévation sur le pavois – du nom de ce grand bouclier en bois léger, gainé de métal ou de cuir – n'est en fait pas une tradition gauloise, mais romaine. Son usage filtrera, au Ve siècle, chez les Mérovingiens, et Clovis sera parmi les premiers rois « hissés ». Après un discours mémorable, nous raconte Grégoire de Tours, « le peuple répondit à ces paroles par des applaudissements de main et de bouche, et, l'ayant élevé sur un bouclier, ils le créèrent leur roi[11] ». Cette élévation n'est pas seulement une façon de pavoiser, mais de se rapprocher du Ciel et donc de son Créateur...

La légende noire s'empare ensuite de la dynastie mérovingienne. On parle de ses souverains comme autant de rois fainéants aux règnes oubliables. L'image d'Épinal nous les représente allongés, vautrés dans un char tiré par des bœufs, et parcourant ainsi leurs provinces. Une vision qui, soit dit en passant, n'est guère éloignée de la réalité : il s'agit là d'une vieille coutume germanique...

Mis de côté pour un temps, au profit des bêtes de trait, les porteurs reprennent leur travail dans le civil à partir du XVIe siècle, avec la popularisation de la fameuse chaise à porteurs. Ces petites cabines, souvent closes de rideaux, prolifèrent dans les rues de Londres : elles permettent aux grandes dames et autres « personnes de qualité » de se rendre à leurs mondanités sans poser le talon dans la rue – la chaise étant transportée directement à l'intérieur de la maison et déposée dans l'antichambre. Deux porteurs, situés à l'avant et à l'arrière du véhicule, glissent des bâtons de chaise dans les ouvertures prévues à cet effet afin de déplacer la cabine. Un baudrier de cuir passé autour de leurs épaules rend son transport moins pénible.

Pourquoi ne pas se contenter des carrosses et autres coches tractés par des chevaux ? D'abord parce que l'appareillage, encombrant, se retrouve régulièrement bloqué dans le trafic (on parle « d'embarras », ancêtres de nos embouteillages). Dans les années 1650, Londres est une métropole galopante avoisinant les 350 000 habitants et qui rivalise avec Paris et ses 450 000 citadins. Une fourmilière où se mêlent artisans, vagabonds, laquais, bourgeois, cochons et autres bêtes de ferme… Agacé par le remue-ménage de Paris, le poète Scarron écrit en 1643 que « les cochers ont beau se hâter, ils ont beau crier : gare ! gare ! ils sont contraints de s'arrêter[12] ». Qui plus est, les accidents de carrosse ne sont pas rares, les chevaux ayant tendance à s'emballer dès qu'un coup de canon retentit. On ne compte plus le nombre de passants bousculés ou piétinés par les destriers en furie (c'est ainsi que le prince Ferdinand-Philippe d'Orléans, fils aîné de Louis-Philippe, dernier « Roi des Français », trouvera la mort en 1842). À l'inverse, la chaise à porteurs est beaucoup plus maniable et peut emprunter les passages étroits. Autre avantage : elle permet de se rendre à un rendez-vous galant en toute discrétion…

Une fois que leur voyageur a embarqué, le duo de porteurs doit maintenir une allure constante – un trot – jusqu'à leur destination. Avec une moyenne de 30 kilos sans passager, on peut imaginer l'effort colossal qu'implique le transport… D'autant que certains voyageurs exigeants n'hésitent pas à louer des porteurs sur des distances plus longues : une femme parcourt les 180 kilomètres qui séparent Londres de Bath dans une de ces cabines en 1728.

En parallèle, de petits véhicules montés sur roues – semblables à des brouettes surmontées d'une cabine – font leur apparition en France : on les surnomme « vinaigrettes ». Deux explications à cela : soit parce qu'elles ressemblent aux carrioles des vinaigriers, soit parce qu'une promenade en brouette donne facilement la nausée. Cela n'empêche pas l'industrie des chaises à porteurs de prospérer. De Londres, elle s'exporte ensuite dans toute l'Europe. C'est la tendance dernier cri pour tout le gratin mondain. En 1644, un texte anonyme intitulé *Les Lois de la galanterie* s'enthousiasme de ce moyen de transport : « Vous pouvez aussi […] vous faire porter en Chaize, dernière et nouvelle commodité si utile qu'ayant esté enfermé la dedans sans se gaster le long des chemins, l'on peut dire que l'on en sort aussi propre que si l'on sortoit de la boiste d'un enchanteur[13]… »

Responsables d'accidents parfois sévères, les porteurs sont soumis à une législation de plus en plus stricte. Il leur est interdit de proférer des insanités, de maintenir leur cabine en mauvais état, de facturer des tarifs ahurissants et même de prendre la route en état d'ivresse ! En France, deux éléments vont pousser les porteurs vers la sortie de route : l'amélioration du pavage des voies, les rendant plus fréquentables pour les piétons, et la Révolution, abolissant ce moyen de transport ostentatoire synonyme d'exploitation des classes laborieuses. Il reste utilisé sous d'autres latitudes jusqu'au XXe siècle, notamment en Asie, décliné en palanquins (Inde), *rickshaws* (Indonésie), *norimono* (Japon)... où certains de ces moyens de transport subsistent encore de nos jours.

Punkawallah

Lorsque les colons britanniques débarquent en Inde, en 1858, ils sont aussitôt accablés par la chaleur. Un manuel de voyage d'époque avertit le voyageur qu'« il devra rencontrer, à l'exception de la période allant du 1er décembre au 1er mars, une chaleur intense avec un risque de fièvre non négligeable ». Plus loin, l'auteur précise que les « équipements de rafraîchissement sont incapables de réduire la température sous les 100 ° [38 °C] pendant la majorité de la saison chaude[14] ». Cela n'empêche pas les Britanniques d'essayer : ils accrochent des linges humides à leurs fenêtres et à leurs portes pour s'en préserver, et font importer à grands frais de la glace par cargo depuis la Nouvelle-Angleterre. Un gin bien glacé, ça n'a pas de prix... Mais leur astuce suprême consiste à s'équiper de « punkah » – une pièce de tissu rectangulaire, encadrée de bois et suspendue dans la plupart des pièces des résidences coloniales, qui en se balançant génère un courant d'air bienvenu. Le serviteur qui l'actionne du bout d'une corde est nommé « punkawallah ». Ces ventilateurs humains, souvent issus des franges très populaires de la société, passent ainsi leur journée à éventer, par la force des mains – ou des pieds, comme on le constate sur certaines photos d'époque –, les résidences des colons.

« Vous avez le punkah en service tout le jour et la nuit, affirme un colon, et à cet effet vous devez avoir deux servants pour se relayer[15]. » Les punkawallah officient le plus souvent depuis l'extérieur, leur présence étant incompatible avec les dîners mondains du gratin britannique... Bon nombre de témoignages se plaignent des fugues de serviteurs ou de leur paresse. Quant à la paye, elle est misérable. «Pour un travail éreintant de neuf heures successives, sans interruption, ils reçoivent 2,60 dollars par mois» note un observateur en 1915[16]. De toute manière, leurs services ne sont plus utilisés que sporadiquement à la veille de la Première Guerre mondiale, supplantés par le ventilateur électrique.

R

Radium Girl

En 1898, les époux Curie découvrent le radium, un élément chimique extrêmement radioactif, dans leur laboratoire parisien. Saluée unanimement par la communauté scientifique, cette trouvaille appelle de grandes révolutions : dès 1901, on utilise le radium pour éliminer des cellules cancéreuses. La publicité le porte aussitôt aux nues, synonyme de « remède miracle ». On retrouve cette substance dans les crèmes de beauté, les fortifiants, les dentifrices, et jusqu'aux veilleuses de nuit et aux tablettes de chocolat… Les slogans, dithyrambiques, ne se lassent pas d'en vanter les mérites.

C'est aussi ses propriétés lumineuses qui attirent l'attention des industriels. En 1917, dans les ateliers de l'US Radium Corporation, plus de 4 000 ouvrières couvrent les montres destinées à l'armée d'une peinture au radium. Ainsi les cadrans brillent dans le noir : pas de doute, les stocks vont s'écouler rapidement. Reste que la tâche des ouvrières requiert précision et méthode. Dès leur premier jour, les contremaîtres leur ont enseigné un petit refrain : «*lip, dip, paint*». *Lip* : effiler la pointe de leur pinceau entre leurs lèvres. *Dip* : tremper le pinceau dans la peinture au radium. *Paint* : peindre le cadran... Puis on recommence.

Payées cinq centimes la pièce, les ouvrières produisent en moyenne 250 unités par jour. Et ingèrent, sans le savoir, des quantités affolantes de matières toxiques... Le soir venu, lorsque ces ouvrières rentrent tranquillement chez elles, on les surnomme «les revenantes» parce qu'elles sont enveloppées d'un halo phosphorescent agité de poussières radioactives. Peu s'en émeuvent ; le radium est la tendance dernier cri, et certaines travailleuses volent même quelques grammes de peinture pour s'en vernir les ongles. Puis ces lucioles vont faire la fête dans les nombreux bars du New Jersey.

Quelques mois passent, et des murmures commencent à gagner l'usine. Une fille a été hospitalisée. Une autre. Les dentistes s'alarment. La rumeur enfle, pleine de détails horribles : mâchoires nécrosées, anémies, cancers, stérilité, colonnes vertébrales grignotées par le poison. On ne sait pas alors que le radium, qui se fixe sur les os, les ronge jour après jour... En 1924, Amelia, une jeune ouvrière de 24 ans, est la première à y succomber. L'année suivante, une douzaine d'autres travailleuses décèdent et 50 encore tombent malades. Évidemment, les ouvrières commencent à poser des questions et à réclamer des dommages et intérêts : mais leur employeur feint l'indifférence. Dans l'ombre, la Radium Corporation arrose des professionnels de santé de pots-de-vin pour témoigner en leur faveur et attribuer les décès à d'autres causes. La syphilis, maladie honteuse car sexuellement transmissible, est souvent citée pour ternir la réputation de ces filles mortes-vivantes et les forcer au silence.

En 1928, la ténacité de quelques ouvrières - la plupart, fauchées par les maladies, n'ont pas le loisir de témoigner - finit par déboucher sur un procès. Les photographes peuvent saisir sur le vif l'image de ces femmes amoindries au point d'être incapables de prêter serment... Ces « Radium Girls » secouent l'opinion publique : si le procès se règle à l'amiable en 1928, son issue va profondément faire évoluer le droit du travail. Au cours des années 1930, les standards de sécurité des usines sont améliorés et la possibilité de réclamer réparation envers son employeur est entérinée dans les textes de loi. Sans le savoir, les « revenantes » préfigurent la création des services de santé et sécurité au travail... Une immense victoire sociale que, malheureusement, les cinq plaignantes n'auront pas le loisir de célébrer : toutes meurent peu après les faits. Elles s'appelaient Grace Fryer, Edna Hussman, Katherine Schaub, Quinta McDonald et Albina Larice.

Réveilleur

Avant l'âge du réveille-matin, il fallait trouver un moyen commode de se réveiller dans les temps pour être à l'heure au travail. Dans les îles britanniques, à l'âge de la révolution industrielle, c'est le métier du *knocker-up* (réveilleur). Parcourant les cités ouvrières dès l'aube, il frappe, à l'heure convenue, des coups répétés aux portes des travailleurs. Parfois, cela incommode le voisinage... et certains en profitent pour être réveillés gratuitement ! Pour ne pas trop importuner les voisins, il s'équipe d'une longue tige flexible en bambou qui lui permet de taper directement aux carreaux de la chambre à coucher. On observe par endroits des originalités notables, comme Mary Smith qui utilise une sarbacane à pois pour tirer du sommeil les quartiers est de Londres ! Payés à la semaine, certains réveilleurs, malgré la concurrence des réveils électriques plus abordables, continuent d'exercer dans les villages isolés jusqu'aux années 1970. À Paris, certains réveillent les forts des Halles – les porteurs charriant les denrées alimentaires vendues en gros aux Halles de Paris, dans le 1er arrondissement – à coups de sifflet, et l'un d'eux est joliment surnommé Beau-Merle. Une question reste en suspens : mais qui réveillait les réveilleurs ?

S

Scieur de long

Parmi les plus anciens matériaux utilisés par l'homme, le bois a favorisé l'apparition des premiers métiers. Les scieurs de long en font partie. Immortalisés sur les fresques de Pompéi ou les vases gallo-romains, ils sont employés à débiter, dans la longueur, des billes de bois – troncs équarris et débarrassés de leur écorce – pour en tirer des planches, des poutres, des solives. Et ce depuis plusieurs millénaires. On les retrouve, au Moyen Âge, sur les chantiers fourmillants des cathédrales, où ils assistent les maîtres charpentiers. Leur rôle est crucial : il faut bâtir les maisons, les engins de levage, les échafaudages, et ces « fendeurs » ne sont jamais à court de travail. Si le chêne est préféré, on débite également du frêne, du noyer, selon la proximité géographique des forêts.

Le scieur de long opère en équipe. À partir du XVIIIe siècle, en France, une méthode fait l'unanimité : d'abord on fixe le tronc à débiter sur une pièce de bois, sorte de trépied appelé « chèvre » ou « chevalet ». Puis les deux scieurs se coordonnent : « l'écureuil » s'installe, debout, en équilibre sur la bille, et saisit l'extrémité de la scie (aussi appelée « guitare ») ; « le patron », les pieds au sol, suit l'avancée de la découpe sur le plancher des vaches. Ce dernier a couvert son visage d'un sac de toile ou d'un chapeau pour ne pas avaler trop de poussières de bois. « Le mal aux reins pour l'un, la sciure dans les yeux pour l'autre » dit-on alors...

Nomades pour la plupart, ces ouvriers sont particulièrement actifs dans les forêts du Massif central, de la Loire et de l'Aveyron, où la terre gelée empêche les laboureurs de travailler à l'année longue. Lorsque l'automne est passé, ces vaillants ouvriers troquent la bêche pour la scie et passent l'hiver dans les bois – certains y restent plusieurs mois durant, installés dans des cabanes rustiques qu'ils bâtissent dès leur arrivée. C'est un véritable exode : d'aucuns parcourent plusieurs centaines de kilomètres en sabots, balluchon sur l'épaule.

Sur place, les conditions de travail sont rudes. Les scieurs ne sont pas à l'abri des gelées, des accidents et des chutes... d'autant que « l'écureuil » travaille pieds nus. Les muscles sont endoloris, les mains couvertes d'ampoules. « Je vous laisse à penser les sueurs que leur coûte une opération aussi pénible » écrit un observateur au milieu du XIXe siècle[1]. Concurrencée par les scieries mécaniques et les innovations portées par la révolution industrielle, la profession est en péril... Abrités dans leur cabane en rondins – ou leur chambre ouvrière s'ils logent en ville –, les scieurs saisonniers se consolent en avalant la soupe du scieur, tellement riche que la cuillère y tient debout et en racontant, en compagnie des bûcherons et autres écorceurs, les histoires du pays.

Singe à poudre

«Il y a trois sortes d'hommes: les vivants, les morts, et ceux qui sont en mer» aurait dit Aristote. Le singe à poudre ne contredirait sans doute pas cette conception. Il a passé ses tendres années dans le feu de l'action, les mains noires de poudre. Parmi tous les marins qui l'entourent, il est l'un des premiers à comprendre l'étroitesse de la passerelle entre la vie et la mort…

Les premiers singes à poudre apparaissent sur les navires britanniques, au cœur de ce que les historiens appelleront bientôt «l'âge de la voile». Nous sommes au XVIIe siècle. La marine s'est perfectionnée, et un arsenal destructeur dort derrière les sabords des vaisseaux de guerre. Dans le bassin méditerranéen, la lutte entre les équipages anglais, espagnol, français et hollandais fait rage. L'artillerie de bord constitue la principale menace qui plane sur l'adversaire… On mitraille la flotte ennemie, on lacère les mâts et les voiles, on propage même des incendies en propulsant des boulets chauffés au rouge (d'où l'expression «tirer à boulets rouges» pour signaler une attaque particulièrement violente). Entre le XVIIe et le XIXe siècle, ces boucheries deviennent le quotidien de centaines de malheureux. Et de lourdes responsabilités incombent aux plus jeunes d'entre eux.

Les singes à poudre – on parle en anglais de *powder monkeys*, le terme étant exclusivement employé par la Royal Navy – sont des marins âgés de 12 à 14 ans, parfois plus jeunes encore. Quand ils ne sont pas enrôlés de force dans les ports britanniques, ce sont des gamins vagabonds ou orphelins à la recherche d'un toit et d'un couvert. Tenus de se déplacer avec souplesse et célérité dans les entrailles d'un navire de guerre, ils doivent être de taille moyenne et exécuter rapidement les manœuvres. Quelle est leur mission? Pendant un assaut, ils sont chargés de faire le plein de poudre dans la «sainte-barbe», entrepôt des munitions situé au plus profond du vaisseau, puis de rapporter leur chargement jusqu'au pont pour nourrir les canons. Un vrai baptême du feu.

Si c'est souvent aux jeunes garçons que revient cette mission périlleuse, il arrive également que des femmes en aient la charge, voire les assistants du chirurgien de bord, venus prêter main-forte aux équipes de canonniers. Le tout dans un décor apocalyptique: des explosions tonitruantes éventrant les bordages, des éclats de bois gros comme des poignards volant en tous sens, les cris d'agonie des blessés… «Nos bordées furent déchargées à bout touchant, et il en résulta un carnage horrible» commente le commandant français du *Redoutable* à Trafalgar. «En moins d'une demi-heure notre vaisseau fut tellement criblé qu'il ne présentait plus qu'un monceau de débris. […] Tous nos ponts étaient couverts de morts ensevelis sous les débris et les éclats des différentes parties du vaisseau[2].»

Il va sans dire que transporter une matière hautement inflammable durant une bataille confine au suicide. La «sainte-barbe» est à cet égard un espace hautement dangereux: il suffit d'une étincelle pour que l'appareil soit réduit en cendres. Lors de la bataille du Nil, en août 1798, la flotte anglaise commandée par l'amiral Nelson parvint à incendier le vaisseau français *Orient*. Les flammes atteignirent quelques minutes plus tard le magasin… et une explosion retentissante s'ensuivit, d'une telle force qu'elle fit sauter le bordage des navires voisins. On ne retrouva évidemment jamais le moindre corps…

Par ailleurs, aux risques de la bataille navale s'ajoutent ceux, autrement plus mortifères, de la vie en mer. Nourriture corrompue, choléra, fièvre jaune, typhoïde, scorbut, prolifération de vermine et discipline sévère tuent au moins autant que les canons ennemis. Comme le veut la coutume, tout marin saisi par la mort est cousu dans son hamac, sorte de suaire que l'on leste de boulets avant d'immerger le cadavre, l'empêchant de surnager... L'espérance de vie des hommes du XIXe siècle est raccourcie en moyenne d'une dizaine d'années dès lors qu'ils mettent le pied sur le pont d'un vaisseau.

Évacués des manuels d'histoire, les *powder monkeys* ont largement contribué à faire de la Royal Navy la flotte la plus puissante du monde aux XVIIe et XVIIIe siècles – le fruit d'une cadence redoutable et d'une coordination minutieuse de ses équipes de canonniers. Mais aussi risquée que soit la tâche, la gloire revint rarement à ces petites mains. D'abord, parce que le singe à poudre fait souvent partie des victimes collatérales, ensuite parce que les lauriers couronnent plutôt les gradés de la Navy. Cependant ce poste, comme celui de mousse ou de garçon de cabine, a pu marquer le premier jalon d'une carrière à écumer les sept mers... Ainsi le commandant de *L'Intrépide*, Antoine-Cyprien Infernet, fit-il ses armes en mer en qualité de singe à poudre. À Trafalgar en 1805, ayant perdu la moitié de son équipage et tous ses mâts, cerné par six navires anglais, il fut sommé de se rendre. « Jamais de la vie, mon bateau est peint de neuf ! » répond-il. Il attendit d'avoir – littéralement – les pieds dans l'eau avant de capituler.

Dans la première moitié du XIXe siècle, à force de revendications humanitaires, le recrutement des enfants à bord des vaisseaux de guerre se tarit. L'âge de la poudre noire est passé, supplanté par l'artillerie lourde vissée dans des bâtiments motorisés aux coques métalliques, dont le singe à poudre ne hante plus les cales.

Sonneur

Lorsqu'une cloche retentit dans un bourg médiéval, elle a toujours une signification bien particulière. Le carillon de l'Angélus appelle à la prière. Une clochette signale le passage d'une procession funèbre ou d'un cortège de lépreux. Si le glas sonne, c'est pour annoncer un décès. Le son du tocsin indique quant à lui l'urgence ou l'incendie. Dans les campagnes, les « dames de bronze » rythment le travail des paysans ; en ville, elles annoncent l'ouverture du marché, la fermeture des cabarets, le couvre-feu, les fêtes populaires. Enfin, la nuit, le clocher guide les voyageurs égarés et les pèlerins embourbés dans la neige. On trouve aussi des « clochers de tourmente » dans les montagnes de Lozère, bâtis au XIXe siècle afin d'indiquer aux promeneurs surpris par les caprices de la météo les lieux de refuge à proximité.

C'est dire l'importance du sonneur dans la société médiévale. Il n'est rien de moins que le garant des temps, des offices, et du bon déroulement du quotidien de chacun. Pour la population du Moyen Âge, en grande majorité analphabète, rien ne vaut un signal auditif pour transmettre un message précis. Après l'an mil, le royaume s'hérisse de clochers : « c'était comme si le monde entier se libérait, rejetant le poids du passé et se revêtait d'un blanc manteau d'églises » se réjouit le moine Raoul Glaber[3]. Autant de beffrois et de clochers où suspendre les avertisseurs de l'époque… et employer des sonneurs à plein temps.

Pour faire tinter les cloches, deux méthodes cohabitent : les actionner à l'aide d'une corde ou les frapper avec un marteau. Si la profession peut rendre sourd, ça n'est pas nécessairement le plus grand risque qui pèse sur les sonneurs médiévaux. Car les cloches dont ils ont la garde possèdent, dit-on, des pouvoirs surnaturels. Elles repoussent les orages, assimilés aux esprits malveillants, éloignent la peste et épouvantent les envahisseurs. Ne sont-elles pas, après tout, arrosées d'eau bénite lors de leur inauguration ? Les inscriptions gravées dans leur cuivre ou leur bronze en témoignent : « le son de cette cloche triomphe des tempêtes, repousse les démons, et invoque les hommes» peut-on lire sur l'une d'elles. «Je dissipe les orages» proclame une autre[4]. En conséquence, il est recommandé de faire tinter les cloches de l'église lorsque le tonnerre se fait entendre… Mission en laquelle les sonneurs sont vivement encouragés par les paysans, inquiets de voir les orages coucher leurs récoltes.

Grave erreur : le clocher étant généralement l'édifice le plus élevé du bourg, cela en fait une cible privilégiée des coups de foudre. Bon nombre de sonneurs meurent électrocutés – même ceux qui les actionnent prudemment du bout d'une corde, cette dernière étant encore ruisselante de pluie. À la fin du XIXe siècle en France, on avance le chiffre de «324 clochers frappés par la foudre et 103 sonneurs imprudents foudroyés» en seulement trente-trois ans[5]. Étonnamment, lorsque les dangers d'une telle pratique sont évoqués, le clergé répond que le sonneur a peut-être été un peu lent ou maladroit, ce qui justifie son sort. D'autres vont plus loin, exigeant qu'on retire la paie du sonneur – souvent monnayée en bière ou en cidre – si le clocher est frappé par la foudre sous sa supervision. Et que dire de ce sonneur savoyard, lapidé par ses concitoyens pour avoir refusé de monter au clocher par gros temps ?

Les accidents perdurent jusqu'au début du XXe siècle, tenant lieu de faits divers ruraux. On peut ainsi lire en une du *Petit Journal* du 11 septembre 1910 : «Pendant un orage, le sonneur de Ladepeyre (Aveyron), Pierre Boudes, alors que les paysans tremblaient pour leurs récoltes, monta au clocher pour tenter de conjurer le danger en sonnant les cloches, suivant un préjugé indéracinable dans nos campagnes. Il ne les avait pas plus tôt lancées en volée que le son cessa brusquement. L'imprudent avait été foudroyé[6].» Fort heureusement, Benjamin Franklin invente le paratonnerre en 1752, ce qui entraîne une baisse drastique du nombre d'incidents. Décriée à ses débuts, notamment par les autorités religieuses (on pense encore que les coups de foudre manifestent la colère divine, qu'il est de mauvais aloi de domestiquer), sa «baguette hérétique» finira par avoir raison des paroissiens imprudents. Lui-même en fait installer une sur le clocher de l'église de Saint-Clément d'Arpajon en 1782.

Si leurs effectifs déclinent fortement à partir de 1850, c'est parce que les carillonneurs sont progressivement remplacés par des dispositifs automatisés. Très marginal, le métier de sonneur subsiste tout de même en France, à la faveur de traditions entretenues localement ou de performances musicales. Mais ils sont encore 40 000 à exercer cette activité outre-Manche... Le maintien de la fonction en Angleterre s'explique par une différence culturelle : le carillon y est considéré comme un art et des dizaines de sociétés et de clubs y sont consacrés. Les sonneurs britanniques sont-ils toujours menacés par les coups de foudre ? Une enquête de 1990 révèle que leur travail est moins risqué que jadis. Aucun incident lié aux éléments n'a été reporté : les «campanologues» sont majoritairement sujets à l'arthrite et aux doigts brisés dans les cordages. Toutefois, sur les 221 sonneurs étudiés, cinq ont connu un accident mortel dans le cadre de leurs fonctions, et deux se sont suicidés sur leur lieu de travail.

T

Tanneur

Le travail des peaux, dont les premières traces remontent à sept millénaires avant notre ère, est sans aucun doute l'un des arts les plus anciens de notre civilisation. Vêtements, outres, cordes, bottes, carquois, ceintures : dès l'Antiquité, les artisans du cuir n'ont de limite que leur créativité. Les Égyptiens pratiquent le tannage quotidiennement, au IVe siècle av. J.-C., laissant sécher et gondoler les peaux d'animaux sur les rives du Nil. Il ne semble alors incommoder personne. Le procédé n'est pas encore « industrialisé » mais pratiqué à petite échelle, le plus souvent pour répondre à une demande domestique.

Au Moyen Âge, les tanneurs s'établissent en confrérie sous Philippe VI, en 1345, et exposent leurs créations dans les foires, sur des étals toujours bien achalandés. Dans les ruelles voisines, équarisseurs et bouchers animent « l'écorcherie », fournissant une matière première à bas coût. Aussitôt récupérées, les peaux doivent être assouplies et débarrassées des résidus de graisse et de poil. Le tanneur les fait macérer, plusieurs jours durant, dans des bains chimiques : eau salée mêlée d'urine, « pelard » (écorce de bois), cervelle broyée, acide tannique, chaux et excréments animaliers. Les excréments de chiens (et d'autres carnassiers) sont les plus convoités, car ils contiennent un acide issu de l'estomac permettant de dissoudre les chairs animales. En Angleterre, l'usage de fiente de pigeon ou de poulet est attesté au XVIIIe siècle. Ainsi se mêlent plusieurs vapeurs répugnantes venant irriter les narines et les yeux des bourgeois. « Il se dégage des tanneries des vapeurs si infectes, surtout dans l'été, que les chevaux résistent au frein, et ne veulent point passer par un de ces endroits » commente le docteur italien Ramazzini au début du XVIIIe siècle[1]. Décrivant les « pelains », ces bains chimiques où les peaux détrempées attendent leur heure, un observateur déplore que « l'eau ne s'y renouvelait pas régulièrement et l'on n'enlevait que d'une façon irrégulière les amas de détritus qui fermentaient sur place et exhalaient une repoussante odeur[2] ». Tel est le quotidien du tanneur, évidemment sujet aux maladies : le même Ramazzini leur trouve un « visage blême et cadavéreux ; ils sont enflés, essoufflés, d'une couleur livide et très sujets à l'asthme et aux engorgements de la rate[3] ». À plonger les mains et les pieds dans des fosses putrides, les tanneurs, qui manient habilement le couteau, ne peuvent empêcher certaines plaies de s'infecter…

Toutes ces nuisances valent au tanneur le dédain, le mépris, en bref le rejet absolu de ses contemporains. Marginalisation géographique, d'abord : par mesure de précaution, les pouvoirs publics ont tôt fait de les déporter au-delà des remparts. Plaintes des riverains, ensuite : en 1425 à Colchester, on accuse la profession d'avoir souillé l'eau servant au brassage de la bière. Dans les années 1730, un tanneur anglais est accusé de « corruption de l'air » à Tooting Lane : il perd son procès et est condamné à une amende de 100 livres. Beaucoup de citadins, écologistes avant l'heure, les vilipendent en raison des rejets qui contaminent les rivières environnantes, à tel point qu'on jure, dans le Calvados, que « l'eau de la rivière est rougie[4] ». La profession est frappée d'infamie, impure à jamais, au même titre que les filles de joie, les fabricants de cierges (utilisant quantité de suif nauséabond) ou les bourreaux... Cependant les odeurs sont si désagréables qu'on pense qu'elles protègent de la pestilence. Lors d'une épidémie de peste, à Nottingham, les citoyens se rassemblent à côté des tanneries, espérant la bénédiction des peaux en putréfaction.

Étonnamment, au XVIIe siècle à Versailles, alors que l'on parfume jusqu'aux perruques pour en camoufler les effluves fétides (la transpiration de leurs propriétaires leur confère une odeur effroyable), le tanneur s'associe au parfumeur ; c'est la mode des gants parfumés, que les dames s'arrachent. Mais si la profession évolue, l'odeur si caractéristique qui la souillait dès l'an mil continue de l'accabler. À la fin du XIXe siècle, un rapport de l'hygiène note encore qu'« un tanneur se sent de très loin[5] ». Peut-on en dire autant de nos jours ? Certes, les petites échoppes des tanneurs ont été remplacées par les grandes industries de la maroquinerie, délocalisées dans les pays-ateliers afin de ne pas chatouiller les narines du client final... Mais les pratiques traditionnelles se maintiennent, notamment en Asie et en Afrique. En explorant les tanneries traditionnelles de Marrakech, miroir d'un savoir-faire ancestral, les artisans, en connaissance de cause, distribuent aux clients des feuilles de menthe à se passer sous le nez.

Traqueur d'esclaves

Rangés comme des marchandises en fond de cale, sous des poutres suintantes d'humidité, des centaines d'esclaves patientent. Qu'attendent-ils ? L'arrivée au port, peut-être. L'occasion de se dégourdir les jambes, d'apercevoir le soleil. Certains récitent des prières dans une langue que les Européens n'ont jamais entendue. Les marins ont-ils quelque remords à les débarquer sans ménagement, comme ils le font avec les cargaisons de rhum ou les étoffes précieuses ?

Entre le XVe et le XIXe siècle, le commerce des esclaves inonde les colonies de main-d'œuvre gratuite. Treize millions d'entre eux sont déportés : d'abord au Brésil portugais, où ils meurent par centaines dans le ventre des mines de diamant, puis dans les îles sucrières des Caraïbes et le sud des États-Unis. On les vend, on les troque, on les négocie comme autant de denrées marchandes. Promulgué par Louis XIV, le « Code noir » entérine leur déshumanisation : « Déclarons les esclaves être meubles et comme tels entrer dans la communauté, n'avoir point de suite par hypothèque [...], se partager également entre les cohéritiers[6]. » À ce titre, il est naturel que les esclaves en fuite soient considérés comme une propriété volée. Mais ces derniers risquent gros : repris, ils sont passibles de la verge et de la fleur de lys imprimée au fer rouge sur la peau. Certains doivent recourir à la ruse pour fuir les plantations où ils sont captifs, à l'instar d'Henry Brown, un esclave de Virginie qui s'enferme dans une caisse en bois et s'expédie par la poste le 29 mars 1849...

C'est ici qu'interviennent les traqueurs d'esclaves. Leur but : capturer ou punir les esclaves en fuite. Observée dans les colonies portugaises et françaises, la « chasse aux marrons » (on appelle « marronnage » la fuite d'un esclave, et « marron » le fugitif qui s'en rend coupable) ne fait pas l'objet d'une législation attentive et relève plutôt de l'initiative individuelle. En revanche, au début du XVIIe siècle, dans les États de Caroline ou de Virginie, les premières «patrouilles aux esclaves» se forment. Prêtant serment, des Blancs prennent les armes afin d'assurer la sécurité des plantations. Les patrouilles incorporent des effectifs plutôt jeunes, âgés en moyenne de 18 à 40 ans, souvent de petits propriétaires terriens issus de la classe moyenne. Comme les membres d'un jury, ils sont sélectionnés sur les registres d'impôts, et les femmes sont parfois - quoique rarement - appelées à servir. Quel est leur rôle? Montés à cheval et armés, les patrouilleurs châtient les esclaves désobéissants ou dépourvus du laissez-passer émis par leur maître. «Comme des policiers, mais en pire» avertit un fugitif, témoin des passages à tabac dont les miliciens se rendent coupables[7]... Peu lucrative, l'activité de patrouilleur rémunère bien moins que celle de chasseur d'esclaves à plein temps, exercée par des indépendants à l'échelle d'un État entier. À noter que, localement, les patrouilles donneront parfois naissance à des formes avant-gardistes de police, qui ne sera institutionnalisée aux États-Unis qu'au milieu du XIXe siècle.

Pendant ce temps, plus au nord, l'opinion publique évolue. On a aboli l'esclavage au Canada en 1834. Dans l'Illinois, un certain Abraham Lincoln fonde son programme politique sur l'affranchissement des peuples noirs. Bref, l'abolitionnisme gagne du terrain: un espoir pour les fugitifs sur les routes de l'exil. Réalisant le manque à gagner si leur main-d'œuvre venait à diminuer, les planteurs de coton étendent alors le système des milices aux autres colonies. Les journaux sudistes regorgent de petites annonces décrivant le portrait-robot des déserteurs: des chasseurs de primes les épluchent scrupuleusement. S'ils peuvent espérer une coquette somme pour leur retour, ils font face à l'hostilité des citoyens nordistes, qui dérobent les fugitifs à la vue de leurs poursuivants, les nourrissent et les cachent.

Finalement, en 1861, la plaie est ouverte : c'est le début de la Guerre de Sécession. Deux ans plus tard, l'esclavage est aboli. Et même si cette mesure met les traqueurs d'esclaves au chômage, leur combat se poursuit sous les robes du Ku Klux Klan qui reprend les techniques des patrouilleurs à leur compte : terreur, violence, surveillance de masse et lynchages nocturnes... Ancien terrain de chasse des traqueurs d'esclaves, le sud des États-Unis se déchire aujourd'hui encore dans les conflits raciaux et les haines suprémacistes.

V

Verrotier

Profession aux contours mal définis, gagne-pain complémentaire, le verrotier fait ses affaires dans le commerce juteux (et grouillant) des asticots en tous genres. Pour la plupart de ses adeptes, il consiste en l'élevage d'appâts et à leur vente à la sauvette. Mais comment, au juste, « fabriquer » des vers ? Un pêcheur partage sa recette dans un traité de 1828 : « On met trois ou quatre livres de sang dans un pot de jardin, dans lequel on a laissé de la terre. On dépose ce pot à l'ombre ; bientôt les mouches ne manquent pas pour y déposer leurs œufs et lorsqu'on voit que les vers sont formés, on rentre ce pot[1]. »

Ce métier curieux, qu'on imagine plutôt rural, fait également des heureux en ville, ainsi que le narre l'écrivain friand d'anecdotes qu'est Privat d'Anglemont à la fin du XIXe siècle : « Ce n'est peut-être pas très propre, cet état-là, mais on y gagne sa vie. Il y a à Paris plus de deux mille pêcheurs à la ligne, beaucoup de gamins et pas mal de bons bourgeois établis ou retirés des affaires[2]. » Pas très propre ? On comprend mieux lorsque le procédé de « fabrique » des asticots est explicité. Un verrotier dénommé Salin « a loué [...] un ancien pigeonnier. Il y met à macérer des charognes de chiens et de chats que lui fournissent les chiffonniers. Quand c'est en putréfaction, les vers s'y mettent ; [il] les recueille dans des boîtes de fer blanc qu'on nomme calottées, et les vend jusqu'à 40 sous[3] ». Si la demande ne manque pas dans la capitale, permettant à l'intéressé de gagner plus que sa pitance chaque jour, elle exige un estomac solide. « Dame ! Il faut un fier odorat pour faire ce métier-là[4] ! » s'écrie une connaissance de l'intéressé. En saison basse, lorsque les pêcheurs rentrent leurs cannes pour l'hiver, le verrotier poursuit son commerce en distribuant des asticots d'un autre genre – les amuse-becs favoris des rossignols et autres oiseaux chanteurs, que les bourgeoises de Paris aiment à attirer sur leurs balcons. Ce commerce fructueux, qui alimente même une « fabrique » rue Croulebarbe, en 1883, est nourri par les rejets des abattoirs de la capitale. Ce, au grand dam des riverains : « Les maisons des alentours reçoivent en plein ces effluves » commente *Le Petit Parisien*, à tel point que les ouvriers affairés dans le quartier sont forcés d'évacuer les lieux. « Tout le quartier est en émoi. La rue Croulebarbe est devenue la rue Croule-Peste[5] ! »

Dans la première moitié du XXe siècle, on voit encore verrotiers et verrotières écumer les plages de la Côte d'Opale ou de Bretagne, courbés sur des bâtons de bois qui les accompagnent à la pêche aux vers des sables. Mais l'usage de charognes fait toujours recette dans l'entre-deux-guerres, comme l'illustre cet entrefilet de la *Revue limousine* : « Pour avoir des asticots avec le moins de désagréments possibles, il suffit de mettre dans un seau [...] des débris de viande de quelque nature qu'ils soient, exposés au soleil de préférence et lorsque les mouches ont déposé leurs œufs en quantité suffisante, recouvrir d'une toile et mettre à l'abri de la pluie [...] ; au bout de trois à huit jours, les asticots peuvent être récoltés[6]. »

Et aujourd'hui ? L'élevage de vers pour la pêche s'est industrialisé, passé entre les mains d'entreprises spécialisées dont le volume excède largement celui des anciens verrotiers. Vestige d'un ancien temps, celui d'une pêche artisanale aujourd'hui dépassée, cette profession resurgit étonnamment outre-Atlantique, et fait même l'objet de compétitions sportives très suivies dans le sud des États-Unis aujourd'hui encore. Fort heureusement, le procédé a évolué. En Floride ou au Texas, la méthode traditionnelle consiste à ficher un pieu en bois dans un endroit qu'on sait infesté, puis de frotter le sommet du pieu avec une feuille d'arbre ou un morceau de métal. Les vibrations suffisent à faire émerger des centaines d'asticots des entrailles de la terre, ces derniers craignant l'assaut imminent d'une taupe, leur prédateur naturel. Le record actuel est de 567 vers en une demi-heure. Avis aux amateurs.

Vivandière

L'Armée roulante de Napoléon – c'est ainsi qu'on appelle le branle-bas gigantesque qui accompagne les régiments – est loin de ressembler à une parade militaire. Des fantassins qui dilapident leur solde dans des jeux d'argent, des filles aux mœurs légères, des blanchisseuses occupées à rapiécer les vêtements... Le tableau est fort éloigné des peintures triomphales de Jacques-Louis David. Fendant cette foule hétéroclite, on distingue nettement les vivandières : des femmes, en civil de surcroît, toutes encombrées de tissus, de tonneaux d'alcool et de conserves en tout genre. Si des « vivandiers » (dont l'étymologie est dérivée de « vivres ») sont attestés dès Louis XI, suivant les corps de troupes avec des paniers garnis de nourriture, c'est sous le Premier Empire que leurs homologues féminins pointent régulièrement dans « l'Armée roulante ». Accompagnant leurs maris convoqués sous les drapeaux, ces cantinières font contre mauvaise fortune bonnes affaires, et troquent aux soldats des vivres, de l'eau-de-vie, des lacets, du tabac, des vêtements... De quoi rendre le quotidien des grognards un peu plus supportable. Et compléter des rations bien maigres.

On pourrait croire que ces marchandes, qui ne sont ici que tolérées – elles ne touchent aucune solde, seulement le profit de leur commerce –, se tiennent bien éloignées de la ligne de front. Il n'en est rien. Même lorsque les balles sifflent, on les aperçoit soigner les blessés ou réconforter les mourants avec quelques gorgées de tord-boyaux. Certaines encore, pourtant désarmées, montent au front et s'y distinguent par leur bravoure. « Marie Dauranne, une des vivandières les plus connues de l'armée, pour sa générosité et son courage, se tenait debout, sur la crête de la levée, sans souci des balles autrichiennes qui partaient de l'autre rive ; et, calme comme si elle se fût trouvée derrière le comptoir de sa cantine, elle versait la liqueur qui réchauffe à ses frères d'armes[7]. » La même Marie Dauranne saute quelques instants plus tard à l'eau pour sauver un soldat de la noyade. Les soldats adoptent rapidement ces figures maternelles, bourrues et réconfortantes, qui raccommodent les uniformes déchirés comme les esprits défaitistes. L'état-major s'en réjouit : cela limite les désertions et améliore la vie du camp. Mais la tolérance ne dure qu'un temps. Aperçues encore durant les campagnes en Crimée, en Italie ou au Mexique, les cantinières sont chassées de l'armée française dans les années 1870. On les accuse de contribuer à l'ivrognerie des soldats, voire même de corrompre leur moralité. C'est faire abstraction de leur sens du sacrifice. Parce qu'elles assistent les blessés ou se retrouvent piégées dans le feu de l'action, des centaines de vivandières sont fauchées par la mitraille. Marie «Tête-de-Bois», qui accompagne la Grande Armée durant 17 campagnes militaires, reçoit une balle à Waterloo, en 1815. Le même sort avait eu raison, l'année précédente, de son mari et de son fils. Tombée à terre, elle respire péniblement, le visage ensanglanté. À côté d'elle, un grenadier agonisant lui souffle: «Marie, vous n'êtes pas belle comme ça». Et elle de répondre: «C'est possible, mais je peux me vanter d'être fille, femme, mère et veuve de troupier[8]». Progressivement éloignées du champ de bataille, les vivandières disparaissent pour de bon à l'aube de la Première Guerre mondiale, remplacées par des hommes en uniforme.

Voleur de cadavres

Les profanateurs de sépulture n'ont jamais eu bonne presse. Dès l'Antiquité et tout au long du Moyen Âge, ils font partie de ces pilleurs qui violent l'intimité des cercueils en quête de trésors ou mieux, de reliques sacrées. Ossements, morceaux de tissu, bijoux, sandales, mèche de cheveux: tout ce qui a pu appartenir à un saint est digne de convoitise. On boit même la poussière arrachée à leur tombeau, mêlée à de l'eau, en infusion aux XIe et XIIe siècles.

Mieux vaut laisser les cadavres dans leurs cercueils. Au-delà de l'interdit religieux, c'est aussi une mesure de sûreté, car sceller le défunt dans sa tombe l'empêchera de revenir hanter les vivants. Regorgeant de superstitions, des pratiques anti-résurrection sont constatées tout au long du Moyen Âge, en différents points du globe : mutiler les dépouilles, placer une grosse pierre entre leurs mâchoires, nouer leurs orteils... Autant de moyens qui ferment définitivement aux macchabées la porte du monde des vivants. Mais des pillards peu scrupuleux ne vont pas tarder à braver l'interdit pour se remplir les poches...

En effet, les cadavres ont encore un peu de valeur. Ils portent sur eux des bijoux, des armes, des objets précieux. Leurs os peuvent servir à fabriquer des manches de couteau, leurs dents peuvent être revendues à des arracheurs indélicats. Leur peau se décline même en reliure de livres : à la fin du XIXe siècle, l'astronome Camille Flammarion reçoit d'une admiratrice un exemplaire des *Terres du ciel* relié avec « la peau des belles épaules [qu'il] avait si fort admirées[9] » lors de leur rencontre, bien des années plus tôt... Surtout, le cadavre est un excellent objet d'étude pour les apprentis chirurgiens, à condition qu'il soit tiré du sol avant d'atteindre la putréfaction.

À partir du XVIe siècle, les dépouilles s'amoncellent sur les tables de dissection des « théâtres anatomiques ». Apparus d'abord en Europe méridionale – Espagne et Italie –, ces lieux d'expérimentations débridées révulsent autant qu'ils fascinent. « Si tu as l'amour de cette chose, écrit Léonard de Vinci [lui-même amateur de dissections clandestines] tu en seras peut-être empêché par une répugnance de l'estomac ou [...] peut-être auras-tu la crainte de passer les heures nocturnes en compagnie de cadavres tailladés et lacérés, horribles à voir[10]. » Il faut avoir le cœur bien accroché... D'autant qu'à l'époque, ces séances macabres ne sont pas réservées aux étudiants en médecine ou aux chirurgiens. Ce sont des manifestations publiques, attirant des curieux de tous horizons, et pour lesquelles chacun paye sa place à grands frais.

C'est ici que les voleurs de cadavres interviennent, avec un seul mot d'ordre : la discrétion. Des rabatteurs, postés à l'entrée des cimetières, signalent l'imminence d'un enterrement. À la nuit tombée, les pillards s'introduisent dans le mausolée ou le caveau, déblaient la terre encore fraîche et en extraient la dépouille. Le grand anatomiste du XVIe siècle André Vésale n'hésite pas à se salir lui-même les mains en décrochant les gibiers de potence. À la même époque, Félix Platter, de l'université de Montpellier, admet s'exposer « à plus d'un danger, avec d'autres étudiants français, pour [se] procurer des sujets[11] ». Quels sont ces risques ? Au-delà de la sanction féroce des autorités, manipuler des chairs mortes entraîne nombre d'infections ainsi que des exhalations particulièrement malsaines. Et le scandale qui peut en résulter a tôt fait de ruiner une carrière médicale. Le Parlement de Paris décourage ces actes par l'arrêt du 11 avril 1551, ce qui n'empêche pas pour autant les voleurs de cadavres d'opérer. En 1783, Louis-Sébastien Mercier décrit en ces termes le cimetière de Clamart, dans le 5e arrondissement de Paris : « Cette terre grasse de funérailles est le champ où les jeunes chirurgiens vont la nuit, franchissant les murs, enlever des cadavres pour les soumettre à leur scalpel inexpérimenté. Ainsi après le trépas du pauvre, on lui vole encore son corps ; et l'empire étrange que l'on exerce sur lui ne cesse enfin que quand il a perdu les derniers traits de la ressemblance humaine[12]. »

Au XVIIIe siècle, la demande de cadavres s'envole, et leur tarif avec. On en vient à marchander avec les vivants le droit de disposer de leur dépouille. À Édimbourg en 1828, alors centre important d'étude anatomique, William Burke et William Hare forment le premier gang de « meurtriers anatomiques », assassinant 16 personnes pour vendre leurs corps aux universités locales. Par un drôle de retournement de situation, après sa condamnation,

William Burke fut pendu, son corps disséqué, et sa peau servit à relier un petit carnet visible encore aujourd'hui dans un musée d'Édimbourg. Dans cette économie souterraine, les cadavres n'ont pas tous la même valeur. Les noyés et les étouffés, avec des organes relativement intacts, sont préférés aux décapités ou aux pendus. On a généralement recours aux corps de criminels ou de vagabonds pour ne pas attirer l'attention. Même les dépouilles des condamnés à mort, exposées pour l'exemple, disparaissent en un éclair. La demande est si forte qu'il faut envisager d'autres profils : les prostituées, dont on juge le corps suffisamment corrompu pour être indigne de sépulture, mais aussi les suicidés « et tous ceux qui rencontraient leur fin par le duel, la boxe à main nue ou l'ivrognerie[13] ». Une véritable compétition se met en place entre les écoles de médecine, craignant qu'en raison d'une pénurie de corps, les élèves préfèrent aller étudier dans des établissements rivaux mieux pourvus en macchabées.

Les pilleurs de tombes continuent de faire scandale, particulièrement en Grande-Bretagne, entre les XVIIIe et XIXe siècles. On les surnomme là-bas « résurrectionnistes » – sans doute parce qu'ils offrent à leurs proies l'opportunité d'une seconde vie sous le scalpel du chirurgien... Face à la recrudescence des profanations, le grand public ouvre l'œil et se met à surveiller ses morts. On prolonge la veillée funèbre, quitte à compromettre les chairs de la dépouille. On équipe son cercueil de cadenas, on le ceinture de barreaux de fer : ces dispositifs sont encore visibles de nos jours dans les cimetières anglo-saxons, particulièrement à Édimbourg, où le vol était courant. On voit même des gardes du corps rôder dans les cimetières... Face à ces mesures, les résurrectionnistes rivalisent d'ingéniosité. L'un d'entre eux partage un secret professionnel dans son journal : « Une de nos combines favorites, pour laquelle une femme était généralement nécessaire, consistait à réclamer les corps de personnes isolées qui mouraient à l'hospice. Dès lors, un homme ou une femme, en tenue de deuil et faisant grand chagrin, le plus souvent en larmes, se rendait à l'hospice pour enlever le corps de ce cher parent disparu. Si la combine réussissait, comme c'était souvent le cas, le corps était immédiatement conduit à l'une des écoles et vendu. Les autorités de la paroisse n'étaient probablement pas mécontentes d'abandonner le cadavre si c'était celui d'un étranger, leur épargnant ainsi le coût d'un enterrement[14]. »

Si le trafic de cadavres atteint son apogée à la fin du XVIIIe siècle, avec des macchabées qui s'arrachent contre des centaines de livres sterling, les résurrectionnistes britanniques sont limogés par l'Anatomy Act de 1832. Visant à apaiser les craintes du public après les vagues de « meurtres anatomiques » commis dans les îles britanniques, cette loi facilite les conditions d'accès aux cadavres pour les anatomistes disposant d'une licence, permettant à cette branche de la médecine de sortir de la clandestinité. D'autant que les activités illicites des résurrectionnistes leur réservent parfois des surprises, à l'instar de ces pillards d'Édimbourg qui, le 15 avril 1824, fauchent le corps de John McIntyre : contre toute attente, ce dernier se révèle être toujours vivant lorsque le scalpel de l'anatomiste effleure sa poitrine !

Le mot de la fin

Quelles conclusions tirer de cet inventaire ? Le premier constat qui s'impose, c'est que bien d'autres professions auraient pu y être énumérées. Vous en avez peut-être déjà quelques-unes en tête : où est passé le paysan ? Le soldat ? Le clerc ? Le mineur ? Des interrogations bien compréhensibles... Mais, vous en conviendrez, il est difficile de rendre une image « lisse » et homogène d'un métier où différents profils cohabitent et se superposent. On s'attend par exemple à y trouver l'archétype médiéval du laboureur, surexploité et écrasé d'impôts. Mais comment distinguer le riche propriétaire terrien, libre, pouvant faire fructifier son empire par des acquisitions et des mariages juteux, du serf féodal, « taillable et corvéable à merci », livrant une bataille perdue d'avance contre les épidémies et les piteuses récoltes[1] ? Des disparités trop fortes en termes de rémunération, de conditions de travail ou de risques encourus rendraient leur lecture impossible. Il y a fort à parier que d'autres métiers en ont fait les frais : la chambrière, l'ouvrier, le fantassin...

En outre, à vouloir départager les métiers d'autrefois selon leur degré d'exposition au danger, on aboutit parfois à des aberrations. Statistiquement, la profession la plus risquée de ces treize derniers siècles est celle de... roi. Sur les 1 500 et quelques souverains qui ont trôné sur l'Europe entre le VIe et le XIXe siècle, 22 % ont succombé à une mort violente, et 15 % furent les victimes d'un meurtre pur et simple. En comparaison, les guerres contemporaines sont bien moins coûteuses en vies si on les rapporte au nombre de soldats engagés. Même en sachant cela, pourrait-on vraiment caractériser le métier de monarque comme un « sale boulot » ? Difficile de rentrer toute l'histoire dans un tiroir...

Force est de constater également que nos repères en matière de fatigue, de moralité et de pénibilité sont bien changeants. Imprégnés de mœurs fort éloignées des nôtres, il est des métiers qui, méprisés hier, sont considérés favorablement de nos jours. C'est le cas du boucher, souillé au Moyen Âge par le sang des carcasses qu'il manipule, de l'aubergiste qui aurait abrité la luxure entre ses murs, des cuisiniers jadis taxés de gourmandise... Aujourd'hui, notre société tertiarisée s'affole des burn-out et autres épidémies de stress qui gangrènent les entreprises : mais en d'autres temps, la fatigue pouvait être valorisée, et donc recherchée. C'est à l'aune de son épuisement que la valeur du chevalier était mesurée, comme ce héros d'une chanson de geste du XIIe siècle, qui « ne pouvait plus relâcher son épée, car sa main était toute crispée sur la poignée ; il ne put la desserrer qu'après l'avoir arrosée d'un peu d'eau chaude et de vin pour détendre ses muscles[2] ». Assurément, il ne s'agit plus là d'un idéal poursuivi par les employés du XXIe siècle...

Enfin, une note d'humilité s'impose : dans cet ouvrage, nous n'avons fait qu'effleurer les métiers qui faisaient le quotidien de nos ancêtres. Nombre de professions nous ont échappé, pour la simple raison que les sources historiques qui les mentionnaient étaient trop minces, qu'elles semblaient trop localisées ou trop anecdotiques. À Paris, les fileuses de soie du XIIIe siècle, qui travaillent en été de quatre heures du matin à huit heures du soir, décrochent pourtant la palme du travail le plus éreintant. De même, placés sous la supervision d'un maître ou d'un « compagnon », les apprentis de l'artisanat médiéval sont souvent exploités jusqu'à l'épuisement, engendrant bon nombre de fugues ou de mauvais coups.

Vous en avez été témoins tout au long de cet ouvrage : l'histoire est faite de premiers pas, souvent maladroits, et les premiers pas sont aussi synonymes de chutes brutales. Mais ils sont autant d'étapes nécessaires à l'avènement d'une science ou d'un savoir-faire. Ainsi la chirurgie n'aurait-elle pas obtenu ses lettres de noblesse au XVIIIe siècle si le barbier-chirurgien ne s'était pas sali les mains tout au long du Moyen Âge. Même constat pour l'obstétrique ou la dentisterie. Car c'est grâce aux efforts d'une majorité silencieuse de besogneux, d'acharnés anonymes, de travailleurs zélés, que nous héritons aujourd'hui de métiers plus humains. Qu'ils et elles en soient chaudement remerciés. Cet ouvrage leur est dédié – ainsi qu'à vous, qui marchez sur leurs traces à travers l'ombre, la poussière et l'oubli.

Notes

Précautions d'emploi

1. Genèse, 3:19.

2. *Œuvres complètes de Sénèque le Jeune*, J. Baillard (trad.), vol. 2, «Lettres à Lucilius», livre 5, lettre 47, Paris, Hachette, 1914, pp. 102-103.

A

1. L.-S. Mercier, *Tableau de Paris*, t. 3, Amsterdam, 1783, p. 19.

2. Soranos d'Éphèse, *Maladies des femmes*, P. Burguière, D. Gourévitch, Y. Malinas (trad.), Paris, Les Belles Lettres, 1990.

3. D. Fournier, *L'Accoucheur méthodique, qui enseigne la manière d'opérer dans tous les accouchements naturels et artificiels...*, Paris, 1676, pp. 62-63.

4. F. Wütz, *Kinderbüchlin* (Petit livre sur les enfants), Bâle, 1612. Cité par W. Pulz, M.-F. Morel, «Aux origines de l'obstétrique moderne en Allemagne (XVIe-XVIIIe siècle) : accoucheurs contre matrones ?», *Revue d'histoire moderne et contemporaine*, vol. 43, n° 4, 1996, p. 595.

5. F. Mauriceau, *Traité des maladies des femmes grosses et de celles qui sont accouchées*, Paris, 1668. BnF, département Arsenal, 4-S-2334 (1).

6. A. Scholl, «L'héritage du crime», *Les Nouveaux Mystères de Paris*, Paris, A. Lacroix, Verboeckhoven & Cie, 1867, p. 160.

7. M. Gallo, *La Chambre ardente*, Paris, Fayard, 2008, chap. 4.

8. «Édit du Roy pour la punition de différents crimes [magie, sortilèges, empoisonnement], registré en Parlement le 31 aoust 1682», Paris. BnF, département Droit, économie, politique, F-21047 (12).

9. «Déclaration du roi, concernant les empoisonneurs donnée à Versailles le 14 mars 1780, registrée en Parlement le 20 mars 1780», Paris, BnF, département Droit, économie, politique, F-21201 (72).

10. H. Mayhew, *London Labour and The London Poor*, vol. 2, Londres, Griffin, Bohn and Company, 1861, pp. 136-140.

11. Berthod, «Pont-Neuf ordinaire théâtre/De marchands d'onguent et d'emplâtre/Séjour des arracheurs de dents/De fripiers, libraires pédants. », *La Ville de Paris en vers burlesques*, Paris, 1652, p. 3. BnF, département Philosophie, histoire, sciences de l'homme, 8-Z LE SENNE-6540.

12. L. de Rouvroy, duc de Saint-Simon, *Mémoires*, vol. 25, Paris, Hachette, 1913, p. 182.

13. Cité par G. Vigarello, *Histoire de la fatigue du Moyen Âge à nos jours*, Paris, Seuil, 2020, p. 26.

14. *San Francisco Call*, vol. 107, n° 62, 1910, p. 5.

B

1. Homère, *L'Odyssée*, livre 8, Paris, Lavigne, 1842, p. 133.

2. Œuvres de Champlain publiées sous le patronage de l'Université Laval par l'abbé C.-H. Laverdière, *Les Voyages du Sieur de Champlain*, livre 1 et livre 3, 1870, pp. 8 et 180-181.

3. C. Gauvard, A. de Libera, M. Zink (dir.), *Dictionnaire du Moyen Âge*, PUF, 2002, p. 132.

4. *Œuvres complètes de Victor Hugo*, P. Meurice (éd.), t. 2, Librairie Ollendorff, 1904, p. 380.

5. Molière, *Le Malade imaginaire*, Paris, Larousse, 1965, p. 104.

6. «Déclaration du Roy, concernant la communauté des maîtres chirurgiens de la ville de Paris, donnée à Versailles le 23 Avril 1743», BnF, Arsenal, 4-S-2465 (6).

7. Brantôme, cité par M. Lever, «Les bouffons et le roi», *L'Histoire*, n° 31, 1981.

8. B.W. Tuchman, *A Distant Mirror: The Calamitous 14th Century*, New York, Ballantine Books, 1978, p. 71.

9. H. Tropé, «Nains et bouffons à la Cour des Habsbourg d'Espagne aux XVIe et XVIIe siècles», *Bulletin hispanique*, 116-1, 2014, pp. 3-105.

C

1. C. Tisseur, dit N. du Puitspelu, *Littré de la Grand'Côte*, Lyon, Storck, 1894.

2. Cité par B. Angleraud, *Lyon et ses pauvres. Des œuvres de charité aux assurances sociales 1800-1939*, Paris, L'Harmattan, 2011, p. 20.

3. J. Michelet, cité par J. Jaurès, *Histoire socialiste*, t. 3, Paris, Jules Rouff, 1901-1908, p. 328.

4. J.-J. Rousseau, *Dictionnaire de musique*, in *Œuvres complètes*, t. 1, Paris, Armand-Aubrée, 1832, p. 113.

5. S. Goudar, *Remarques sur la musique italienne et la danse*, Venise, 1773, p. 20, cité par P. Barbier, *Histoire des castrats*, Paris, Grasset, 1989, p. 53.

6. A. Brousselle, V. Tabery. «Entre sexe et genre, la voie de l'opéra», *Topique*, vol. 128, n° 3, 2014, pp. 19-33.

7. E. Cockayne, *Hubbub. Filth, Noise & Stench in England*, New Haven, Yale University Press, 2007, p. 199.

8. T. Robinson, *The Worst Jobs in History*, Londres, Pan Books, 2005, p. 192.

9. L.-S. Mercier, *Tableau de Paris*, vol. 10, Amsterdam, 1789, p. 63.

10. M. Mollat du Jourdin, cité par J.-P. Rorive, *La guerre de Cent Ans vue par ceux qui l'ont vécue*, Paris, Seuil, 1992, pp. 286-287.

11. N. Méra, *Les hasards qui ont fait l'histoire*, Paris, Jourdan, 2020, p. 31.

12. N. Méra, «Bizarreries et barbaries de la justice médiévale», Le Fil de l'histoire, 15 juillet 2019, en ligne.

13. E. of Norwich, *The Master of Game*, Philadelphie, University of Pennsylvania Press, 2005, p. 71.

14. E. Cockayne, *op. cit.*, p. 188.

15. O. Thomas, *Les rats sont entrés dans Paris*, Paris, Vendémiaire, 2022

16. G. Grison, *Paris horrible et Paris original*, Paris, Dentu, 1882, p. 115, BnF, département Philosophie, histoire, sciences de l'homme, 8-Z LE SENNE-11901 (1).

17. J. Buvyer, *The Priest Hunters*, New York, The University of British Columbia, 1989, p. 12.

18. *The St. Charles Herald*, 6 septembre 1884.

19. C. Dickens, *David Copperfield*, Paris, Hachette, «Livre de poche/Classiques», 2001, [rééd.], chap. 19.

20. H. Mayhew, *London Labour and The London Poor, op. cit.*, p. 465.

21. «Bulletin municipal officiel de la Ville de Paris, en date du 7 février 1884», BnF, p. 190.

22. P. de Ladebat, «Les chirurgiens navigants sur les navires du roi», Histoire-Généalogie, 18 février 2016, en ligne.

23. H. de Balzac, *Illusions perdues*, in *Œuvres complètes*, t. 8, Paris, Houssiaux, 1874, p. 318.

24. Suétone, *Vie de Vespasien*, 23, 5, M. Cabaret-Dupaty (trad.), Paris, Garnier frères, 1893.

25. Martial, *Epigrammes*, livre 6, Paris, Garnier frères, 1864.

26. *Lettres choisies de Madame de Sévigné*, lettre 50, 18 septembre 1684.

27. L.-M. Prudhomme, *Voyage descriptif et philosophique de l'ancien et du nouveau Paris*, t. 1, Paris, 1814, p. 95.

28. G. de Tours, *Histoire des Francs*, F. Guizot (trad.), Paris, J.-L.-J. Brière, 1823, p. 82.

29. J.-P. Rorive, *La guerre de Cent Ans*, *op. cit.*, p. 62.

30. W. Naphy, A. Spicer, *La Peste noire, 1345-1730. Grandes peurs et épidémies*, Paris, Autrement, 2003, p. 29.

31. L. Dechêne, *Habitants and Merchants in Seventeenth-Century Montreal*, Montréal, McGill-Queen's University Press, 1992, pp. 122-123.

32. D. Lett, N. Offenstadt, *Haro! Noël! Oyé! Pratiques du cri au Moyen Âge*, Paris, Publications de la Sorbonne, 2013, p. 21.

33. *Chronique de M. d'Escouchy*, t. 2, Paris, 1863, p. 428.

D

1. T. Gautier, *Voyage en Espagne*, Paris, Charpentier, 1859, p. 95.

2. *Canadian Studies*, Issues 22-25, 1987, p. 25.

E

1. P. de Novare, *Les Quatre Âges de l'homme*, Paris, LEN, 2017, cité par D. Chirat, *Surprenant Moyen Âge*, Paris, Larousse, 2020, p. 213.

2. G. Paris, *L'Estoire de la Guerre sainte: histoire en vers de la troisième croisade (1190-1192) par Ambroise*, Paris, 1897, p. 426. BnF, département Philosophie, histoire, sciences de l'homme, 4-L45-30 (NNN).

3. G. Paris, *L'Estoire de la Guerre sainte*, *op. cit.*, p. 411.

4. J.-A. Buchon, *Chronique métrique de Godefroy de Paris*, Paris, Verdière, 1828, p. 15, v. 378.

5. R. Lulle, *Livre de l'ordre de chevalerie*, Paris, La Différence, 1991.

6. F.-R. de Chateaubriand, *Œuvres complètes*, vol. 5, Paris, Desrez Lefèvre, 1837, p. 9.

7. *Histoire de l'esprit révolutionnaire des nobles en France*, t. 1, Paris, Baudoin frères, 1818, p. 93.

8. *Encyclopaedia Britannica*, 11e édition, 1911.

9. J. Delille, *Les Jardins*, cité par S. Lefay, «Ermitages et ermites de jardin», *Dix-huitième siècle*, n° 48, 2016, pp. 167-180.

10. *London Courier*, 11 janvier 1810.

11. R. Dutton, *The English Country House*, cité par M. Levy, *Le Roman «gothique» anglais, 1764-1824*, Paris, Albin Michel, 1995.

12. «Loi. Code Pénal. Donnée à Paris le 6 octobre 1791». BnF, département Droit, économie, politique, F-18455.

13. C. Beccaria, *Des délits et des peines*, Paris, Brière, 1822, p. 110.

F

1. Platon, *Théétète*, V. Cousin (trad.), Paris, Bossange, 1824, p. 56.

2. *Apocalypse de Pierre*, Fragments, B 26, M. James (trad.), 1924.

3. J.-L. Beaucarnot, *Comment vivaient nos ancêtres? De leurs coutumes à nos habitudes*, Paris, J.-C. Lattès, 2006, p. 144.

4. L. Bourgeois, *Observations diverses sur la stérilité, perte de fruict, fécondité, accouchements et maladies des femmes et enfants nouveau-nés*, 1609, p. 32.

5. V. Hugo, *Œuvres dramatiques complètes*, Paris, J.-J. Pauvert, 1963, p. 1609.

6. *The Globe*, 6 décembre 1894, p. 1.

7. Hérodote, *Histoire*, livre 1, 199, Larcher (trad.), Paris, Charpentier, 1850.

8. Cité par P. Ariès, J. Bottéro, G. Chaussinand-Nogaret *et al.*, *Amour et sexualité en Occident*, Paris, Seuil/L'Histoire, 1991.

9. Mathieu, 21:31.

10. Saint Augustin, *De ordine*, livre 2, 4, J.-J.-F. Poujoulat et J.-B. Raulx (trad.), L. Guérin & Cie, 1864, pp. 218-238.

11. J. Verdon, *Le Moyen Âge. Ombres et lumières*, Paris, Perrin, 2013, p. 48.

12. A. Parent-Duchâtelet, *De la prostitution dans la ville de Paris considérée sous le rapport de l'hygiène publique, de la morale et de l'administration*, Paris, J.-B. Baillière et fils, 1857, p. 338, BnF, département Littérature et art, 47.

13. Pline l'Ancien, *Histoire naturelle*, livre 28, 18, 2, t. 2, Paris, Dubochet, 1850.

14. «*Nule fame ne puet ne ne doit metre main a drap, a chose qui apartiegue au mestier des Foulons, devant que li dras soit tonduz.*» É. Boileau, *Les Métiers et corporations de la ville de Paris : XIIIe siècle*, F. Bonnardot, R. de Lespinasse (éd.), Paris, Imprimerie Nationale, 1879, p. 109.

15. R. de Lespinasse, *Les Métiers et corporations de la ville de Paris, XIVe-XVIIIe siècles*, Paris, 1897, pp. 252 et 31.

16. J. Savary des Brûlons, *Dictionnaire universel de commerce, d'histoire naturelle et des arts et métiers*, Genève, Cramer & Claude Philibert, 1750, pp. 544-546.

17. *Révolte et société: Actes du IVe colloque d'histoire au présent*, t. 2, Paris, Publications de la Sorbonne, 1988, p. 46.

18. M. de Proussinalle, *Histoire secrète du tribunal révolutionnaire*, vol. 1, Paris, Lerouge, 1815, p. 42.

19. «Rapport de police du 26 pluviôse, an II», tiré des Archives Nationales, série W, 191, cité par H. Fleishmann, *La Guillotine en 1793*, Paris, Librairie des publications modernes, 1908, p. 151.

20. A. de Lamartine, *Histoire des Girondins*, 1847 ; C. Dickens, *A Tale of Two Cities*, 1859 ; C. Baudelaire, *Sisina*, 1859.

21. D. Godineau, «Femmes et violence dans l'espace politique révolutionnaire», *Réflexions Historiques*, vol. 29, n° 3, Berghahn Books, 2003, pp. 559–76.

22. P. Robert, *Les Mystères du Palais-Royal*, t. 2, Paris, Le Clère, 1845, p. 168.

23. A.K. Smart, *Citoyennes: Women and the Ideal of Citizenship in 18th-century France*, Newark, University of Delaware Press, 2011, p. 170.

G

1. R.-H. Guerrand, *Les Lieux. Histoire des commodités*, Paris, La Découverte, «Poche/Essais», 2009, pp. 12-27.

2. W. Buchan, *Médecine domestique ou traité complet des moyens de se conserver en santé, de guérir et de prévenir les maladies, par le régime et les remèdes simples*, t. 4, Paris, Desoer, 1792, p. 450.

3. P. Richelet, *Nouveau dictionnaire francois contenant généralement tous les mots anciens et modernes*, t. 1, Amsterdam, Jean Elzevir, 1709, p. 568.

4. W. Buchan, *Médecine domestique*, *op. cit.*, pp. 450-451.

5. E. Cockayne, *op. cit.*, p. 242.

6. A. Zysberg, «Le Langage des galères de France à l'âge classique 1660-1750», *Ethnologie Française*, vol. 9, n° 3, 1979, p. 261.

7. J. Marteilhe, *Mémoires d'un protestant condamné aux galères de France pour cause de religion* (1757), cité par G. Vigarello, *Histoire de la fatigue*, *op. cit.*, pp. 65-66.

8. J. Marteilhe, *Mémoires d'un protestant*, *op. cit.*, cité par G. Vigarello, *Histoire de la fatigue*, *op. cit.*, p. 66.

9. J. de La Gravière, «La Fin d'une grande marine», *Revue des Deux Mondes*, t. 67, 1885, pp. 772 et 789.

10. Proverbes, 23:13.

11. Anonyme, *Le cento novella antiche, secondo l'edizione del 1525 corrette ed illustrate con note*, Milan, Rusconi, 1825, 48, p. 68.

12. G. Maugras, *Le Duc de Lauzun et la cour intime de Louis XV*, Paris, Plon, 1907, p. 286. «Le roi dans son enfance avait un petit hussard qu'on fouettait quand le roi n'avait pas bien dit sa leçon.» Marquise du Deffand, *Lettres de la marquise du Deffand à Horace Walpole*, vol. 1, Paris, Treuttel et Wurtz, 1812, p. 348.

13. Pline l'Ancien, *Histoire naturelle*, livre 2, 72, 1.

14. *Le Petit Marseillais*, 6 mars 1913, p. 1.

15. Juvénal, *Satires*, 10, L.V. Raoul (trad.), Wouters, Raspoet et Cie., 1842, p. 247.

16. A. Bernet, *Histoire des gladiateurs*, Paris, Tallandier, 2014, p. 11.

17. J. Capitolinus, *Histoire Auguste*, t. 3, M. Valton (trad.), Paris, Panckoucke, 1844-1847, p. 71. BnF, département Littérature et art, Z-18925.

18. A. Bernet, *Histoire des gladiateurs, op. cit.*, p. 100.

19. Cité par A. Bernet, *Histoire des gladiateurs, op. cit.*, p. 204.

20. M.V. Martial, *Épigrammes*, livre 7, 37, in *Œuvres complètes de M.V. Martial*, MM. V. Verger, N.-A. Dubois, J. Mangeart (trad.), Paris, Garnier frères, 1864.

21. Sénèque, *De la providence*, J. Baillard (trad.), 1914, chap. IV.

22. A. Bernet, *Histoire des gladiateurs, op. cit.*, p. 99.

23. P. Mattei, «Spectacles des derniers temps. Tertullien, *De Spectaculis* 30. Texte et traduction. Commentaire», *Vita Latina*, n° 187-188, 2013, p. 284.

24. Tacite, *Annales*, livre 13, chap. 16, d'après F. Doudinot de la Boissière, *Tacite. Œuvres choisies avec Bibliographie, Études historiques et littéraires, Notes, Grammaire et Illustrations complémentaires*, Paris, Hatier, 1932, pp. 207-267.

25. F. Hurst, «Hitler's Food Taster: One Bite Away from Death», *Spiegel Online*, 2 avril 2013.

H

1. Sidoine Apollinaire, *Lettres*, livre 2, lettre 10, Lyon, Rusand, 1836.

2. M. Gorki, *Ma vie d'enfant*, Paris, Calmann-Lévy, 1921.

3. *Le Journal des transports* (Paris), 6 décembre 2019, p. 649. BnF, département Sciences et techniques, 4-V-2922.

4. É. Grar, *Histoire de la recherche, de la découverte et de l'exploitation de la houille dans le Hainaut français, dans la Flandre française et dans l'Artois, 1716-1791*, t. 2, Valenciennes, 1847, pp. 203-204. Cité par P. Guignet, «*Des houillères d'Anzin et de leur exploitation* par M. d'Aubuisson (1805)», *Revue du Nord*, n° 379, 2009/1, pp. 165-176.

L

1. P. Sébillot, *Légendes et curiosités des métiers*, Paris, Flammarion, 1895, p. 3.
2. G. Tomel, H. Rollet, *Les Enfants en prison: études anecdotiques sur l'enfance criminelle*, Paris, Hachette/BnF, 1891, BnF, département Philosophie, histoire, sciences de l'homme, 8-R-10664.
3. R. Glaber, *Histoires*, livre 4, 12, cité par J.-M. Moriceau, *Histoire du méchant loup. 3000 attaques sur l'homme en France (XVe-XXe siècles)*, Paris, Fayard, 2007 [2e éd.].
4. P.-J. d'Orléans, *Histoire des révolutions d'Angleterre, depuis le commencement de la monarchie jusqu'à présent*, t. 1, Amsterdam, Mortier, 1714, p. 34.
5. *Journal d'un bourgeois de Paris (1405-1449)*, Paris, A. Tuetey, H. Champion, 1881.
6. G. Quenet, *Versailles, une histoire naturelle*, Paris, La Découverte, 2015, pp. 101-130.
7. J.-M. Moriceau, *La Bête du Gévaudan. Mythes et réalités*, Tallandier, 2021, p. 12. Voir aussi J.-M. Moriceau, *L'Homme contre le loup. Une guerre de deux mille ans*, Paris, Fayard, 2011.

M

1. *Encyclopaedia Britannica*, 11e ovella, vol. 25, «sin-eater», 1911.
2. W. Carew Hazlitt, *Faiths and Folklore: Dictionary of National Beliefs, Superstitions and Popular Customs*, vol. 2, Londres, Reeves and Turner, 1905, pp. 550-551.
3. C. Sinclair, *Hill and Valley: Or, Hours in England and Wales*, Édimbourg, Robert Carter, 1838, p. 336.
4. *Le Petit Français illustré*, Paris, Armand Colin, 1895, pp. 318-319, BnF, département Littérature et art, 4-Z-575.
5. G. Grison, *Paris horrible et Paris original*, Paris, Dentu, 1882, p. 114, BnF, département Philosophie, histoire, sciences de l'homme, 8-Z LE SENNE-11901 (1).
6. Plutarque, *Œuvres Morales*, t. 1, Paris, Charpentier, 1844, p. 214.
7. Hérodote, *Histoires*, livre 7, 123, Paris, Charpentier, 1850, p. 127.
8. Plutarque, «Vie de Lucullus», *Les Vies des hommes illustres*, Paris, Didier, 1844.
9. Éginhard, *Œuvres complètes*, cité par B. Léthenet, *Les Espions au Moyen Âge*, HAL Sciences humaines et sociales, 2020, p. 9, en ligne.
10. S. Fargette, «Rumeurs, propagande et opinion publique au temps de la guerre civile (1407-1420)», *Le Moyen Âge*, vol. 113, n° 2, 2007, pp. 309-334.
11. M. Mollat du Jourdin, cité par J.-P. Rorive, *La guerre de Cent Ans…*, *op. cit.*, p. 23.

12. B. de Nursie, *Règle de Saint-Benoît, traduction par un moine bénédictin (1689)*, Paris, Rusand, 1824, p. 182.

13. M. Camille (trad.), *Image on the Edge: The Margins of Medieval Art*, Londres, Reaktion Books, 1992.

14. Apicius, *Cookery and Dining in Imperial Rome*, J. Dommers Vehling (trad.), New York, Dover Publications, 1977, p. 301.

15. C. Dickens, *Life and Adventures of Martin Chuzzlewit*, Londres, Chapman & Hall, 1843, chap. 19.

No

1. T. des Réaux, *Les Historiettes de Tallemant des Réaux. Mémoires pour servir à l'histoire du XVIIe siècle*, par M. Nonmerqué, Paris, H.-L. Delloye, 1840 [2e éd.], p. 145.

2. D. Triaire, *Mémoires du célèbre nain Joseph Boruwlaski, gentilhomme polonais*, Paris, Flammarion, 2008.

3. Plutarque, «Sur les sanctuaires dont les oracles ont cessé», 51, extraites des *Œuvres morales*, Ricard (trad.), Paris, Lefèvre/Charpentier, 1844.

4. Hérodote, *Histoire*, livre 1, 53, Larcher (trad.), Paris, Charpentier, 1850.

5. Suétone, *Vie des 12 Césars*, Vie de Domitien, 8, 4, M. Cabaret-Dupaty (trad.), Paris, 1893.

6. G. Bronner, «Pourquoi François Mitterrand voyait-il Élizabeth Teissier?», *Revue des Deux Mondes*, mai 2014, pp. 134-138; «L'astrologue de Mitterrand dévoile ses confidences», *Libération*, 26 juin 2000, en ligne; Associated Press, «Astrologer Who Helped Guide President Reagan's Schedule Dies at 87», PBS, 24 octobre 2014, en ligne.

P

1. G. de Chauliac, *Chirurgia Magna*, t. 1, S. Mingelousaulx (trad.), Paris, L. D'Houry, 1683, p. 22.

2. W. Wordsworth, *Choix de poésies*, E. Legouis (trad.), Paris, 1928, p. 166, BnF, département Littérature et art, 8-YK-1828.

3. D. Diderot, J. le Rond d'Alembert, *L'Encyclopédie*, t. 12, art. «Pleureuse» par L. de Jaucourt, 1751 [1re éd.], pp. 765-766.

4. Cicéron, «Tusculanes», livre 3, 26, extrait des *Œuvres complètes de Cicéron*, t. 4, M. Nisard (trad.), Paris, F. Didot, 1869.

5. Plutarque, «Vie de Solon», 29, *Les Vies des hommes illustres*, D. Ricard (trad.), Paris, Didier, 1844, p. 251.

6. Cité par J.-L. Laffont, «Les pleureuses et crieuses d'enterrements dans la France méridionale», *Études sur la mort*, n° 144, 2013/2, §31.

7. *Ibid.*, §7.

8. U. Frevert, *Emotions in History – Lost and Found*, chap. 2, «Gendering Emotions», Budapest, Central European University Press, 2011.

9. P.-D. Boudriot, «Essai sur l'ordure en milieu urbain à l'époque préindustrielle. Boues, immondices et gadoue à Paris au XVIIIe siècle», *Histoire, économie et société*, vol. 5, n° 4, 1986, p. 523.

10. Cité par A. Piaget, «Le livre Messire Geoffroi de Charny», *Romania*, t. 26, n° 103, 1897, pp. 394-411.

11. G. de Tours, *Histoire des Francs*, livre 2, pp. 121-122. Extrait de M. Guizot, *Collection de Mémoires relatifs à l'Histoire de France*, Paris, Brière, 1823.

12. P. Scarron, *Œuvres de Scarron*, vol. 7, Paris, J.-F. Bastien, 1786, p. 235.

13. Anonyme, *Les Lois de la galanterie*, Paris, Aubry, 1855 [1644], pp. 9-10.

14. E.B. Eastwick, *A Handbook for India*, part. 2, Londres, J. Murray, 1859, pp. 480-486.

15. Cité par K. Patowary, «Punkah: The Hand Operated Ceiling Fans of Colonial India», *Amusing Planet*, 4 septembre 2019.

16. H.D. Baker, *British India with Notes on Ceylon, Afghanistan, and Tibet*, Washington, Government Printing Office, 1915, p. 88.

S

1. A. Babouche, *Les Curieux Secrets des arts et métiers*, Tours, Ad Mame et Cie, 1851, p. 68.

2. *Revue maritime*, t. 148, janvier/mars 1901, BnF, pp. 71-73.

3. R. Glaber, *Cinq livres d'histoires depuis l'an de l'Incarnation 900 jusqu'en l'an 1044*, M. Prou (éd.), livre 2, chap. 4, Paris, A. Picard, 1886.

4. I.B. Cohen, *Benjamin Franklin's Science*, Cambridge, Harvard University Press, 1990, p. 119.

5. M.B. Schiffer, *Draw the Lightning Down: Benjamin Franklin and Electrical Technology in the Age of Enlightenment*, Oakland, University of California Press, 2003, pp. 186-187.

6. *Le Petit Journal* du 11 septembre 1910, n° 1034, BnF, p. 2.

T

1. P. Patissier, *Traité des maladies des artisans d'après Ramazzini*, Paris, Baillière, 1822, p. 143.

2. C. Guignard, *L'Hygiène des tanneurs : étude d'hygiène professionnelle*, Paris, Henry, 1879, pp. 12-13, BnF, département Sciences et techniques, 8-TC37-63.

3. P. Patissier, *Traité des maladies des artisans*, *op. cit.*, p. 143. Complété par le rapport de C. Guignard, *L'Hygiène des tanneurs*, *op. cit.*, p. 14.

4. C. Perrin, « Le développement durable en perspective historique : l'exemple des tanneries », *L'Homme et la société*, Paris, L'Harmattan, 2014, pp. 37-55.

5. C. Guignard, *L'Hygiène des tanneurs*, *op. cit.*, p. 14.

6. *Le Code noir, ou Édit servant de règlement pour le gouvernement et l'administration de la justice, police, discipline et le commerce des esclaves nègres dans la province et colonie de la Loüisianne*, mars 1724, art. 44, BnF, département Droit, économie, politique, F-21096 (30).

7. S.E. Hadden, *Slave Patrols : Law and Violence in Virginia and the Carolinas*, Cambridge, Harvard University Press, 2001, p. 71.

V

1. C.B. Pigoreau, *Nouveau traité de la pêche dans les fleuves et rivières navigables*, Paris, Corbet, 1828, p. 62. BnF, département Sciences et techniques, S-32854.

2. A. Privat d'Anglemont, *Paris Anecdote*, Paris, Delahays, 1876, p. 18, BnF, département Philosophie, histoire, sciences de l'homme, 8-Z LE SENNE-14047 (1).

3. *Ibid*, pp. 18-19.

4. *Ibid*, p. 19.

5. *Le Petit Parisien*, 23 août 1883, BnF, Gr Fol-Lc2-3850.

6. *La Revue limousine*, 15 juillet 1928, p. 54, Bibliothèque francophone multimédia de Limoges, 2013-217929.

7. *Le Petit Journal. Supplément du dimanche*, 22 mars 1914, Paris, BnF.

8. M. Klen, *Femmes de guerre. Une histoire millénaire*, Paris, Ellipses, 2010, p. 43.

9. *Le Madagascar. Organe des intérêts politiques et coloniaux de l'Île*, 8 avril 1893, BnF, département Philosophie, histoire, sciences de l'homme, GR FOL-LC12-432.

10. R. Mandressi, *Le Regard de l'anatomiste. Dissections et invention du corps en Occident*, Paris, Seuil, 2003.

11. F. Platter, *Félix et Thomas Platter à Montpellier, 1552-1559, 1595-1599 : notes de voyage de deux étudiants balois publiées d'après les manuscrits originaux appartenant à la Bibliothèque de l'Université de Bâle*, Montpellier, C. Coulet, 1892, p. 91.

12. L.-S. Mercier, *Tableau de Paris*, t. 3, Amsterdam, 1883, pp. 224-225.
13. J.B. Bailey, *The Diary of a Resurrectionist, 1811-1812*, Londres, 1896, p. 31.
14. *Ibid*, p. 55.

Le mot de la fin

1. Cité par G. Vigarello, *Histoire de la fatigue*, *op. cit.*, p. 39.
2. Pèlerin Richard, *La Conquête de Jérusalem, faisant suite à la « Chanson d'Antioche »*, renouvelée par Graindor de Douai au XIIIe siècle, Genève, Slatkine Reprints, 1969, p. 20.

Liste des entrées

D

Décrotteur
Draveur

E

Écuyer
Enfant perdu
Ermite de jardin
Exécuteur

F

Fabricante d'allumettes
Faiseuse d'anges
Falot
Fillette amoureuse
Foulon
Furie de guillotine

G

Gadouard
Galérien
Garçon de fessée
Gardien de phare
Gladiateur
Goûteur

H

Haleur
Hercheur
Homme de peine

L

Lavandière
Loueur d'enfants
Louvetier

M

Mangeur de péchés
Marchande d'arlequins
Mégotier
Messager
Moine copiste
Muet funèbre

NO

Nain de cour
Nourrice
Oracle

Dans la même collection

Frédéric Angleviel, *Un drame de la colonisation. Ouvéa, Nouvelle-Calédonie, mai 1988*
— *La France aux antipodes. Histoire de la Nouvelle-Calédonie*
— *Poulo Condore. Un bagne français en Indochine*

Jean-Marie Autran, *La France, terre de mission américaine. La diplomatie religieuse du président Truman*

André Bach, *Justice militaire, 1915-1916*

Myriam Benraad, *Irak, la revanche de l'histoire. De l'occupation étrangère à l'État islamique*

Michel Biard, Claire Maingon, *La Souffrance et la Gloire. Le culte du martyre de la Révolution à Verdun*

Vincent Bloch, *Cuba, une révolution*
— *La Lutte. Cuba après l'effondrement de l'URSS*

Claire Bonnotte, *Le Soleil éclipsé. Le château de Versailles sous l'Occupation*

Émilie Brébant, *Au Rwanda, la Vierge est apparue*

Philippe Buton, Marc Michel (dir.), *Combattants de l'Empire. Les troupes coloniales dans la Grande Guerre*

Olivier Cabiro, *L'Affaire de la banque Glyn*

Nicolas Cadet, *Combattre la pandémie. Les médecins et l'État face au choléra de 1832*

Thierry Camous, *Uchronies. Le laboratoire clandestin de l'histoire*

Philippe Candegabe, *L'Incroyable Histoire de l'éléphant Hans. Des forêts du Sri Lanka au Muséum d'Histoire naturelle*

Jacques Carré, *La Prison des pauvres, l'expérience des* workhouses *en Angleterre*

Jean Luc Cattacin, *Les Libérateurs de l'Irlande. Huit siècles de lutte*

Pascal Cauchy, *L'Élection d'un notable. Les coulisses de mai 1981*

Rémy Cazals, *Bonaparte est un factieux ! Les résistants au coup d'État de 1851*

Philippe Chassaigne, Marie-Claude Esposito, *Londres, la ville-monde*

Hélène Chaubin, *La Corse à l'épreuve de la guerre, 1939-1943*

Loïc Chollet, *Dernières Croisades. Le voyage chevaleresque en Occident à la fin du Moyen Âge*

Thomas Chopard, *Le Martyre de Kiev*

Fabien Conord, *La France mutilée. 1871-1918, la question de l'Alsace-Lorraine*

Michel Cordillot, *Utopistes et exilés du Nouveau Monde. Des Français aux États-Unis de 1848 à la Commune*

Barthélémy Courmont, *Le Japon d'Hiroshima. L'abîme et la résilience*

Rémi Dalisson, *Au plus près du peuple. Les voyages politiques de Napoléon III*

Marie-Danielle Demélas, *Parachutistes en Indochine — Parachutistes en Algérie. 1954-1958*

Harry T. Dickinson, Pascal Dupuy, *Le Temps des cannibales. La Révolution française vue des îles britanniques*

Jean-Marc Dreyfus, *Vollrath. De Hitler à Adenauer, un ambassadeur entre deux mondes*

François Duban, *Les Noirs à la conquête de l'Ouest*

Laurent Duguet, *Incarcérer les collaborateurs. Dans les camps de la libération, 1944-1945*

Éric Dussault, *L'Invention de Saint-Germain-des-Prés*

Thierry Dutour, *La France hors la France. L'identité avant la nation*

Bouda Etemad, *Empires illusoires. Les paris perdus de la colonisation*

Philippe Foro, *Une longue saison de douleur et de mort. L'affaire Aldo Moro*

Jean-Charles Foucrier, *La Stratégie de la destruction. Bombardements alliés en France, 1944*

Philippe Frétigné, Gérard Leray, *La Tondue. 1944-1947*

Yves Gagneux, *Le Glouton, le gourmand et le gastronome. Les plaisirs de la table, de Balzac à Yourcenar*

Marion F. Godfroy, *Kourou, 1763. Le dernier rêve de l'Amérique française*

Lola Gonzalez-Quijano, *Capitale de l'amour. Filles et lieux de plaisir à Paris au XIXe siècle*

Christopher E. Goscha, *Indochine ou Vietnam ?*

Bertrand Goujon, *Du sang bleu dans les tranchées — Je maintiendrai. Femmes, nobles et Françaises, 1914-1919*

Fabrice Grenard, *Une légende du maquis. Georges Guingouin, du mythe à l'histoire*

Maryan Guisy, *Panorama de nos mœurs politiques. Quand les romanciers d'hier chroniquent le monde d'aujourd'hui*

Lise Haddad, Jean-Marc Dreyfus (dir.), *Une médecine de mort*

Lauric Henneton (dir.), *Le Rêve américain à l'épreuve de Donald Trump*

Patrice Higonnet, *La Gloire et l'échafaud. Vie et destin de l'architecte de Marie-Antoinette*
— *Le Village des fanatiques*

Alain Hugon, *La Grande Migration. De l'Espagne à l'Amérique, 1492-1700*

Pierre Journoud, *Dien Bien Phu, la fin d'un monde*

Bernard Lavallé, *Pacifique. À la croisée des empires*
— *Amazones, saintes et rebelles. L'histoire éclipsée des femmes de l'Amérique espagnole*

Christophe Le Boucher, Clément Pairot, *Les Illusions perdues de l'Amérique démocrate*

Jean-Philippe Légaut, *Enfants perdus de Roumanie. Les orphelinats de Ceaucescu*

Jean-Yves Le Naour, *Désunion nationale. La légende noire des soldats du Midi*

Jean-Yves Le Naour, Catherine Valenti, *Et le viol devint un crime*

Édouard Lynch, *Insurrections paysannes. De la terre à la rue. Usages de la violence au XXe siècle*

Jacobo Machover, *Anatomie d'un désastre. Baie des Cochons, Cuba, avril 1961*

Christophe Maillard, *Un syndicalisme impossible ? L'aventure oubliée des Jaunes*

Arnaud Manas, *L'Or de Vichy*

Jean-Jacques Marie, *Vivre dans la Russie de Lénine*

Jean-Clément Martin, Laurent Turcot, *Au cœur de la Révolution. Les leçons d'histoire d'un jeu vidéo*

Cédric Marty, *À l'assaut ! La baïonnette dans la Première Guerre mondiale*

Gregor Mathias, *La France ciblée. Terrorisme et contre-terrorisme pendant la guerre d'Algérie.*

Charles-François Mathis, *La Civilisation du charbon, en Angleterre, du règne de Victoria à la Seconde Guerre mondiale*

Renaud Meltz, Alexis Vrignon (dir.), *Des bombes en Polynésie. Les essais nucléaires français dans le Pacifique*

Laurent Nagy, *D'une Terreur à l'autre. Nostalgie de l'Empire et théories du complot, 1815-1816*

Jean-François Nativité, *Servir ou désobéir ?*

Thierry Noël, *Pablo Escobar. Trafiquant de cocaïne*
— *La Guerre des cartels. Trente ans de trafic de drogue au Mexique*

Didier Nourrisson, *Du lait et des hommes. Histoire d'un breuvage nourricier, de la Renaissance à nos jours*

Jean-Louis Panicacci, *En territoire occupé. Italiens et Allemands à Nice, 1942-1944*

Caroline Parsi, *Vendetta. Crimes d'honneur en Corse au* XIX*e siècle*

Marc-Antoine Pérouse de Montclos, *L'Islam d'Afrique. Au-delà du djihad*

Guy Pervillé, *La France en Algérie, 1830-1954*
— *Oran, 5 juillet 1962. Leçon d'histoire sur un massacre*
— *Histoire iconoclaste de la guerre d'Algérie et de sa mémoire*

Geneviève Pezeu, *Des filles chez les garçons. L'apprentissage de la mixité*

Gérard Piouffre, *Un crime de guerre en 1915 ? Le torpillage du Lusitania*

Questes, *Le Bathyscaphe d'Alexandre. L'homme et la mer au Moyen Âge*

Régis Revenin, *Une histoire des garçons et des filles. Amour, genre, sexualité dans la France d'après-guerre*

Charles Ridel, *L'Ivresse du soldat. L'alcool dans les tranchées, 1914-1918*

Sébastien Roux, *Sang d'encre. Enquête sur la fin de l'adoption internationale*

Daniel Royot, **Vera Guenova,** *Les Aventuriers du Missouri. Sacagawea, Lewis et Clark à la découverte d'un nouveau monde*

Karine Salomé, *Je prie pour Carnot qui va être assassiné ce soir. Un attentat contre la République, 24 juin 1894*

Jean-Lucien Sanchez, *À Perpétuité. Relégués au bagne de Guyane*

Liesel Schiffer, *Olympe. Être femme et féministe au temps de Napoléon III.*

Christian-Georges Schwentzel, *La Fabrique des chefs. D'Akhenaton à Donald Trump*
— *Les Quatre Saisons du Christ. Un parcours politique dans la Judée romaine*
— *Manuel du parfait dictateur. Jules César et les « hommes forts » du* XXI*e siècle*

Olivier Thomas, *Les rats sont entrés dans Paris*

Audrey Vedel-Bonnery, *La Voix de la France. BBC, une radio en guerre*

Laurent-Henri Vignaud, **Françoise Salvadori,** *Antivax. La résistance aux vaccins, du* XVIII*e siècle à nos jours*

Jean-Louis Vincent, *Affaire Dominici, la contre-enquête*
— *Affaire Mis et Thiennot, la contre-enquête*

Freddy Vinet, *La Grande Grippe. 1918, la pire épidémie du siècle. Histoire de la grippe espagnole*

Marie-Paule Virard, *Les Inventeurs du monde moderne*

Thibaut Weitzel, *Le Fléau invisible. 1892, la dernière épidémie de choléra en France*

Cet ouvrage a été achevé d'imprimer
par Présence graphique en octobre 2022
Dépôt légal : novembre 2022
Imprimé en France